문득 와인이 그리울 때

인피니티컨설팅   신희영 지음

머 리 말

2000년 이후 우리나라의 급속한 경제성장과 함께 소득수준 및 삶의 질 향상은 생활양식 전반에 걸쳐 영향을 미쳤다. 과거와 달리 소비자의 입맛은 더욱 까다롭고 다양해졌으며 이러한 소비인식이 와인을 즐기는 사람이 많아지면서 자연스럽게 와인에 대한 관심이 높아지고. 특히, 생활 수준이 향상되면서 전 세계적으로 건강에 대한 관심이 증가함에 따라 와인에 대한 수요도 꾸준히 증가하고 있다. 또한 상대적으로 고도주인 소주, 위스키 대신 맥주, 와인 등 저도주가 수요를 대체하는 현상이 발생하고 있다.

깊은 향과 달달하고 알싸한 맛으로 오감을 자극하는 와인은 고대부터 이어져 온 역사 깊은 술이다. 와인은 우리말로 포도주라고 하며 포도를 으깨서 나온 즙을 발효시킨 과일주다. 오늘날 와인은 전 세계인들이 선호하는 술로서 식사에 곁들이거나 요리에 활용하며 그 풍미를 즐기고 있다.

와인이 우리나라에 들어 온 것은 일제강점기 때였는데 그때는 극소수의 귀족을 위한 사치품이나 다름없었고, 독립 이후에도 한동안 마찬가지였으며 대중들에게 와인이 유행하기 시작한 것은 1990년대 이후로 볼 수 있다. 2004년~2008년 정도에 걸쳐 한국 와인 시장은 매년 수십 %씩 폭발적인 성장을 거듭했다. 그래서 떠오르는 신흥 시장으로 외국의 주요 와이너리 오너들이 저마다 한 번씩 한국을 찾아와 프로모션 행사를 갖는 일도 많았다. 특히 와인이 몸에 좋다는 사실이 알려지면서 웰빙 열풍 때 웰빙 식품의 하나로 각광을 받게 되었다. 그리고 이른바 폭탄주라 불리는 음주 문화의 개선과 양주나 소주보다 알코올 함량이 낮은 저도수 주류 섭취 권장이라는 기치를 내걸고 꽤 잘나가는 듯했다.

직장인의 음주회식 문화도 '취하기' 위해 마시는 것이 아닌 '즐기기'위해 마시는 문화로 바뀌면서 맥주나 와인이 회식자리에서 점차 등장하고 있다. 2016년 대한민국 트렌드 조사결과, 과거에는 어떤 목적으로 술을 마시는지가 중요했다면, 최근에는 어떤 종류의 술인지를 중요하게 생각하는 분위기로 바뀌었으며, 특히 저도주에 대한 취향과 기호가 늘고 있다. 건강에 대한 관심 증가는 웰빙 트랜드의 영향으로 소비자들의 입맛이 고급화되어 보다 부드럽고 개성 있는 맛을 찾고 있으며 마시며 취하는 문화가 아닌 분위기를 즐기는 수준 높은 주류문화로 변화하고 있다.

과거에는 와인이 고급주류에 속해 일반대중이 쉽게 접하지 못하고, 특별한 날에만 먹는다는 인식이 강했으나 최근에는 와인이 대중화되면 서 어디서나 접할 수 있고, 어느 자리에서나 음용 가능한 주류로 자리 잡고 있다.

IWSR(International Wine and Spirit Research) 연구보고서 발표에 의하면, 전 세계 와인 시장의 소비는 계속 증가하고 있다. 2009년부터 2013년의 기간 중 전 세계 와인 소비는 2.7% 증가하여 26억 4800만 상자(9ℓ 들이), 병으로는 317억 병에 이르렀고 이를 바탕으로 향후 5년간의 전 세계 소비 변화를 예측하면, 2014년부터 2018년 동안에는 성장이 가속화되어 성장률은 1%가 더 추가될 것으로 보았고 2018년에는 전체 규모가 27억 3200만 상자(9ℓ 들이), 병으로는 327억 8000만병이 소비하였다.

2021년 들어 통계청의 와인 수입 내역을 분석해 보면 2020년에 비해 20~30% 수준의 수입이 증가하였다. 국내 주류시장에서 소주 출고량은 감소하는 데 반해, 맥주 및 와인 출고량 및 수입량은 지속적으로 증가하는 것으로 보아 한정된 시장 규모 내에서 고도주의 경쟁력은 점차 낮아지고, 저도주의 경쟁력이 높아지고 있다는 것을 반증하고 있다. 따라서 앞으로는 소주와 같은 고도주의 소비보다는 와인과 같은 저도주가 주류시장을 선도할 것으로 예측하고 있어 와인 인구는 더욱 증가할 것이다.

따라서 이 책은 와인을 처음 접하는 분들이나 와인을 좋아하는 사람들이 집에서도 쉽게 전문가처럼 와인을 마실 수 있도록 와인에 대한 정의와 역사 그리고 와인을 마시는 방법을 다루고 있다. 부디 이 책을 통해서 와인을 좋아하는 분들에게 와인을 통하여 행복한 세상이 되기를 기대해 본다.

신희영 지음

목 차

제4장 포도의 품종 ························· 85

제5장 생산지에 따른 와인의 특징 ··············· 143

제1장
WINE
와인이란 무엇인가?

01. 와인의 어원

포도주(葡萄酒) 또는 와인(영어: wine)은 포도를 으깨서 나온 즙을 발효시킨 술을 말한다. 영어의 'Wine'은 한국어로는 포도주로 번역하나 엄밀히 말해서 완전히 같은 것은 아니다. 영어 단어인 와인은 발효주 중에서도 과일을 발효한 술을 뜻하기도 하기 때문에 포도주 외에도 다른 과일주를 뜻한다. 따라서 넓은 의미의 와인은 포도의 즙으로 만든 알코올성 음료뿐만 아니라 뭇 과실이나 꽃 혹은 약초를 발효시켜서 만든 알코올성 음료를 총칭하는 말이다. 이때는 해당 작물이나 곡류의 이름을 함께 병기하여 블루베리 와인, 라즈베리 와인, 아이스베리 와인, 체리 와인, 감 와인 등으로 부른다. 그러나 포도로 만든 술이 너무 유명하고 종류가 많다 보니 보통 와인을 한국어로 번역할 때는 과일주보다는 포도의 즙을 발효시켜서 만든 알코올성 의 양조주를 포도주로 번역한다.

와인(wine)이란 단어는 원래 포도주 또는 포도나무에서 빌려서 사용하기 시작했으며, 인도 유럽어(유럽과 서아시아, 남아시아를 중심으로 분포한 인도유럽인 민족들의 언어)의 어간 win-에서 파생되었다. 포도주를 부르는 가장 초기에 사용된 용어는 미케네 그리스어로 𐀘𐀵𐀺𐀚𐀺 (me-tu-wo ne-wo)에서 시작되었다. 이를 아르메니아어에서는 포도주를 գինի 라고 하였으며, 고대 그리스어에서는 포도루를 οἶνος라고 불렀으며, 영어 단어 wine은 초기 게르만어 winam에서 유래했으며, 라틴어로는 vinum, 그루지야어로는 ღვინო이라고 한다.

02. 와인의 역사

사람들이 언제부터 와인을 마시기 시작했는지는 아무도 모른다. 다만 구약 성경에 의하면 노아가 대홍수 후에 아라라트산에 정착하여 첫 농사를 지은 다음 포도주를 담가 마시고 대취하는 것으로 미루어 보아 그 이전부터 이미 포도 재배와 와인 제조가 보편화되어 있었다고 보아야 할 것이다. 한편 그리스 신화에 의하면 제우스의 아들인 바카스가 포도 재배와 포도주 제조법을 지중해 연안으로 보급시킨 것으로 되어 있다.

기원전 7,000년 무렵 아르메니아의 한 동굴에서 출토된 포도 씨앗과 타르타르산(tartaric acid)를 보고 최초로 포도를 재배한 것으로 추정하였다. 기원전 6,000년경의 포도 씨, 항아리, 와인 만드는 기구 등이 발견되었으며 이후 신석기 시대가 도래하면서 토기가 등장했고 기원전 약 4,000년에 와인 용기의 뚜껑으로 추정되는 유물이 조지아에서 발견되기도 하였다. 기원전 약 3,500년경의 것으로 추정되는 와인 용기 안에 와인이 있었던 흔적이 발견되기도 하였다.

최초의 와인 흔적이 발견된 아르메니아의 아르파 강변 동굴

포도의 원산지가 흑해와 카스피해 사이의 소아시아지역이라는 식물학자들의 주장도 이런 신화나 전설과 대체로 일치하는 것 같다. 이를 통해 알 수 있듯이 와인의 기원은 아르메니아, 그루지야, 아제르바이잔 등 코카서스 지방의 서아시아 지역에서 일어났을 가능성이 높다. 지

금도 흑해 연안에 위치한 아르메니아 공화국의 라라트산에는 대규모 포도원이 많고 아라라트 브랜디는 품질이 우수한 것으로 정평이 나 있다.

역사적으로는 포도와 쌀 혼합 발효 음료 먹었다는 증거가 기원전 7000년경의 중국 신석기 시대 유적지의 도자기 항아리에서 와인에서 흔히 볼 수 있는 타르타르산과 기타 유기 화합물의 흔적이 발견되었다. 그러나 이것이 와인이라고는 단정 지을 수는 없지만, 포도를 발효시켜 먹었다는 것은 알 수 있다.

와인 문화가 이집트, 이탈리아, 스페인 등 서쪽으로 확산하게 된 것은 아마도 항해술이 뛰어나 해상무역이 발달했던 페니키아인들이 레바논을 중심으로 지중해 연안을 따라 도시 국가를 건설하면서 포도주를 공급해서 알려진 것으로 보인다. 페니키아인들은 하상 무역을 통해 고대 이집트, 고대 그리스, 고대 로마로 전래되었다.

이란의 페르시아 유적에 나타난 포도주

이집트에서는 와인이 신화에 등장하게 되었고, 현대의 와인처럼 와인 병에 양조한 연도, 장소, 포도의 품종을 기록한 라벨이 발견되기도 하였다. 이란에서는 기원전 5000년경에, 시칠리아는 기원전 4000년부터 와인을 만들어 먹은 유적이 발견됨에 따라 그리스 신화에도 영향을 주게 되어 포도주와 직접 관련된 디오니소스가 만들어졌으며, 신화와 함께 번성하게 되었다. 이를 통해 그리스인들은 와인을 예술, 문화 등의 발달과 함께 즐기게 된 것으로 보인다. 당시에는 91가지의 포도 품종이 있다는 기록이 남아 있으며, 포도주와 물을 섞는 데 쓰는 그릇을 크라테르($\kappa\rho\alpha\tau\acute{\eta}\rho$)라고 하는데(라틴어로는 cratera), 이는 크레이터라는 어휘의 어원이기도 하였다.

　로마 군인들은 포도주 운송 과정에서 포도주가 쉬어 발생하는 식초를 처리하고, 현지의 물을 마시고 탈이 생기는 것을 방지하기 위하여 포도주 식초를 식수에 타서 포스카(Posca)라는 음료로 만들어 마셨다. 로마에서는 와인을 소중한 음식으로 생각하여 음료수처럼 즐겨 먹었으며, 식사 자리에서 빠지지 않을 정도로 인기를 얻게 되었다.

　와인의 본격적인 세계적 전파는 로마 시대에 이루어진다. 와인의 은은한 취기에 흠뻑 매료된 로마의 지배자들은 프랑스, 스페인 등의 식민지에 포도원을 조성하여 좋은 와인 확보에 열을 올렸다. 덕분에 프랑스의 보르도, 부르고뉴 지방 등지에 있는 특급 포도원들은 로마 시대 이후 2000년 동안 명주를 생산하고 있다.

　와인은 기독교 전파와 함께 그 뿌리를 더욱 깊이 내리게 되는데, 이것은 기독교 종교의식에서 와인을 필수품으로 여겨 온 것과 관련이 있을 것이다. 특히 예수는 최후의 만찬에서 제자들과 더불어 빵과 와인을 나누어 먹으며 다음과 같이 말한다. "이 빵은 나의 살이요, 이 와인은 나의 피니라." 그 때문에 와인은 성스러운 신의 선물로 간주되어 로마 가톨릭교회는 성직자들이 미사에 포도주를 요구했기 때문에 미사주로 사용되었다. 그리하여 중세에는 수도원이 와인의 생산을 담당했으며 와인의 제조 방법 또한 수도원에서 발전되었다.

　프랑스의 수도사들은 수년 동안 와인을 만들어 동굴에서 숙성시켰으며, 더욱 맛있는 성찬 포도주를 생산하기 위하여 제조법을 개량하면서 포도주가 정제되었다. 이러한 와인 제조 방법은 프랑스 와인, 이탈리아 와인, 스페인 와인에 전파되었으며, 오늘날 세계적인 포도주를 생산할 수 있는 계기가 되었다.

　특히 프랑스는 12세기 이래로 보르도 지역과 부르고뉴 지역에 대단위의 포도 플렌테이션 농업을 통해 포도를 대량 생산하여 양질의 포도주를 만들어 영국, 네덜란드 등 지역에 대규모로 수출했다. 이처럼 프랑스 와인은 맛으로 명성이 높아졌으나, 반면 스페인과 이탈리아 와인은 생산량이 많음에도 불구하고 저평가받는 것은 국제 수출보다는 자국에서만, 소비를 하였기 때문이다.

당시 북아메리카의 포도 품종은 북아메리카를 제외한 전 세계에서 자라는 모든 포도 품종의 종류보다 더 많았지만, 포도들이 너무 야생이라 포도주를 생산하기 어려웠다. 따라서 북아프리카에 이민을 온 유럽사람들은 포도주를 마시고 싶었기 때문에 야생포도를 이용하여 포도주를 만들려고 했지만, 유럽처럼 포도주의 맛을 내기가 어려웠다. 그래서 유럽에서 포도나무를 가져와 재배하려고 하였지만, 이것 또한 기후가 달라 잘 자라지 않았다. 그러다 1628년에 스페인의 프란체스코 수도사들이 북아메리카의 뉴멕시코에 유럽에서 가져온 '비티스 비니페라(Vitis Vinifera)'종 포도나무를 재배하고 와인을 만들기 시작했다.

　이후 이민자들은 샌프란시스코만 부근에 모여 포도를 재배하고 와인을 만들었다. 소노마에 먼저, 그다음엔 나파 밸리에 가능한 모든 품종을 시도했다. 헝가리인 하라스디(Haraszthy)는 유럽에서 홀로 300여 종의 품종을 가지고 와서 심었다. 이 포도도 캘리포니아가 와인 산업을 시작하여 세계적으로 가장 큰 와인 생산지로 발전했다. 덕분에 맛 좋은 와인이 탄생하기 시작했다. 야콥 슈램(Jacob Schram)이 만든 슈램스버그(Schramsberg) 와인은 런던으로 수출되기도 했다. 이제 미국 와인이 유럽으로 수출되기 시작한 것이다. 이와 함께 남미를 식민지로 만든 스페인은 자신들의 식민지인 칠레나 페루를 비롯한 남미에 포도나무를 심고 와인을 생산하기 시작하였다.

　16세기에서 20세기 초반에 이르는 유럽 각국의 식민지 확산과 아울러 포도의 재배와 와인 제조 기술은 전세계로 전파되었다. 오늘날에도 와인의 종주국은 프랑스, 이탈리아, 스페인 등이지만 미국, 오스트레일리아, 남미에서 생산되는 와인들도 점점 그 영역을 넓혀 가고 있다.

03. 한국 와인의 역사

한국에서는 와인의 역사는 고려시대까지 거슬러 올라간다. 고려 충렬왕이 원나라 세조가 보낸 와인을 마셨다는 기록이 최초다. 충렬왕은 원나라 세조의 사위로, 원 세조는 고려 왕실에 와인을 몇 차례 보냈다. 조선 인조 때는 호조판서 김세렴이 쓴 「해사록」에 따르면, 그는 인조 14년(1636년)에 대일 통신부사로 간 대마도에서 대마도주와 포도주를 마셨다.

1653년에는 헨드릭 하멜이 제주도에 표류하여 제주 목사에게 포도주와 은잔을 뇌물로 바쳐서 환심을 사려 했는데 포도주를 맛본 조선 관리들은 맛에 몹시 감탄하여 포도주를 모조리 마시고 기분이 매우 좋아져서 네덜란드인들을 호의적으로 대해줬다고 한다.

그리고 조선시대의 「산림경제」, 「증보산림경제」, 「임원경제지」 등에 포도, 쌀, 누룩으로 포도주를 담그는 양조법이 기록되어 있기는 하나 이를 지금의 와인과 같은 술로 보기는 어렵다. 우리나라에 유럽의 와인이 들어온 것은 개항기 이후에 외국의 배들이 우리나라에 들어오면서 와인을 가져오면서부터다. 흥선대원군의 아버지 남연군의 묘를 도굴하려다 실패한 독일인 오페르트가 남긴 기록도 있다. 그는 레드 와인, 화이트 와인, 샴페인 등 와인 뿐만 아니라 브랜디, 위스키 등 양주를 조선에 가져왔다.

우리나라에서 포도가 본격적으로 재배된 때는 1906년 뚝섬 원예모범장과 1908년 수원 권업모범장이 생긴 뒤에 미국종 포도를 심었다. 1910년에는 프랑스에서 유럽종 포도 1,800주를 들여와 시험 재배했다. 1918년에는 경북 포항에 미츠와 농장이 만들어져 '아카다마' 포도주를 빚을 포도를 재배하고 포도주를 생산하였다. 그러나 일제강점기 때는 소량 생산되었기 때문에 극소수의 귀족을 위한 사치품이나 다름없었고, 일반인들은 접할 기회가 별로 없었다. 독립 이후에도 한동안 마찬가지였으며, 우리나라에는 소주나 막걸리 같은 고도주가 있었기 때문에 저도주였던 와인은 일반인들의 관심을 크게 끌지 못하였다.

우리나라에서 처음으로 생산된 상업 와인은 1968년 일본 산토리와 농어촌개발공사가 합자해 대전에 ㈜한국산토리를 세웠다. 이곳에서 1969년 산토리의 기술로 선리 포트와인을 생산했으나, 한국산토리는 경영난에 처해 해태 주조에 매각됐다. 우리 손으로 처음 만든 것은 1969년 ㈜파라다이스에서 생산한 애플와인 파라다이스다. 포도로 만든 와인은 1974년 선보인 노블와인이 처음이었다.

애플와인 파라다이스 노블와인

1970년대부터 당시 한국은 식량 사정이 좋지 않았기에 박정희 대통령은 곡물을 대신할 술 원료를 찾도록 지시했다. 이로 인해 파라다이스, 해태주조, 동양맥주 등 여러 기업이 와인 산업에 뛰어들었다. 곧 지역에 대규모 포도원과 과수원을 조성해 와인을 생산하기 시작하였다.

1977년에는 동양맥주에서 '마주앙'(이후 롯데주류가 인수)을, 1981년에는 진로에서 '샤토 몽블르'를 생산했다. 파라다이스에서 '올림피아'를, 대선주조에서는 '그랑주아'와 '앙코르'를, 금복주에서는 '두리랑'과 '엘레지앙'을 선보이면서 국산 와인'의 전성기가 시작되었다. 그러나 1987년 수입자유화 조치가 시행되면서 국산 와인은 맛이나 가격에서 경쟁력을 잃고 사라지고 말았다.

와인이 대중에게 와인이 유행하기 시작한 것은 와인이 건강에 좋다는 사실이 널리 알려지고, 와인 수입이 본격화된 1990년대 이후로 볼 수 있다. 이후 한국 와인 시장은 매년 수십 %씩 폭발적인 성장을 거듭했다. 그래서 외국의 유명 와인 제조회사의 오너들이 떠오르는 신흥 시장으로 인정하고 한국을 찾아와 프로모션 행사를 갖는 일도 많았다.

와인이 이처럼 한국에서 인기를 얻게 된 것은 1990년 이후 웰빙 열풍이 몰아치면서 와인이 웰빙 식품의 하나로 각광을 받게 되었으며, 한국의 음주문화 중 폭탄주라 불리는 음주 문화의 개선하려는 움직임과 양주나 소주보다 알코올 함량이 낮은 저도수 주류를 섭취를 권장하는 사회적인 분위기 조성이라고 할 수 있다. 이러한 분위기로 인하여 현재 전국 200여 개의 와이너리에서 800여 종의 와인을 생산하고 있다.

　그러나 소비량이 급증하던 와인 시장은 2008~2010년에 걸쳐 거품이 크게 꺼지게 된다. 이유는 첫째, 환율의 상으로 1,300~1,400원 하던 유로화가 1,700~1,800원을 넘게 뛰어올라 유럽산 와인 가격이 상승하면서 판매가 줄었다. 둘째, 미국의 서브 프라임 모기지론(비우량 장기 신용 대출) 붕괴 사태와 재정 악화 등으로 국제 경기가 침체하면서 사치품에 해당하는 와인 수요가 급감하게 되었다. 셋째로는 수입사의 난립과 출혈 경쟁에 따른 유통 질서 교란으로 과도한 세일로 인해 수익성이 악화되었고, 이로 인로 다수의 와인 수입사가 문을 닫았다. 넷째, 일본의 사케(쌀을 누룩으로 발효시킨 후 여과하여 맑게 걸러낸 술로 우리나라에서는 정종이라고 함)가 인기를 끌면서 붐이 조성되면서 와인 동호인 상당수가 사케로 넘어가면서 와인의 매출이 감소하였다.

　이러한 이유로 인하여 와인 시장은 급랭하였으며, 거품이 빠지면서 경쟁력이 약한 중소 수입사들이 적잖이 정리되었고, 와인 가격이 하락하기 시작했고, 와인의 유통망 역시 그간 쌓은 경험을 통해 진일보하였으며, 결정적으로 FTA가 체결되자 저렴하면서도 질 좋은 신대륙 와인이 수입되어 오기 시작했다.

　결국 한국에서 와인 시장은 한때 붐을 타고 급성장하다가 거품이 빠지면서 와인 시장이 안정화되었으며, 지속적인 마니아들의 성장으로 꾸준히 유지해나가고 있다. 그러나 아직 와인은 비싼 술이라는 이미지를 많이 갖고 있으며, 아직도 고도주를 찾는 소비자들의 욕구를 충족하지 못하고 있다.

04. 와인의 효능

와인은 신이 인간에 준 최고의 선물이라고 불리고 있으며, 고대 그리스와 이집트 때부터 약재로 사용된 건강 식음료다. 특히 현대인의 식단이 육류 중심이 되면서 심혈관질환 발병률이 높아지면서, 이와 관련된 질병 예방에 효과가 있다고 알려지면서 레드 와인에 대한 관심은 점점 더 커지고 있다. 와인의 효능을 보면 다음과 같다.

가. 항산화 효과

산화 방지제가 풍부하게 들어있는 레드 와인은 폴리페놀의 일종인 레스베라트롤, 에피세틴, 카테킨, 프로안토시니딘과 같은 항산화제가 많이 들어 있다. 레드 와인이 건강에 좋은 것은 와인 속에 함유되어 있는 폴리페놀 성분 때문이다. 폴리페놀은 리 몸에 있는 활성산소(유해산소)를 해가 없는 물질로 바꿔주는 항(抗)산화물질이면서 혈액 속 콜레스테롤을 낮추는 역할을 한다. 항산화제는 체내의 활성산소를 배출해 주어 세포노화를 방지하고 각종 심근경색, 염증 제거에 도움을 준다.

나. 심혈관 기관 강화

폴리페놀은 콜레스테롤 수치를 조절할 뿐만 아니라 심장을 건강하게 유지시켜 주는 역할을 한다. 포도에는 산화 방지제인 폴리페놀의 함량이 높다. 폴리페놀은 나쁜 콜레스테롤로 혈관을 막히지 않게 함으로써 동맥경화를 예방한다.

다. 암 예방

장수 연구의 최고 권위자라고 불리는 미국 하버드대학 데이비드 싱클레어 박사는 영국의 과학전문지 '네이처(Nature)'에 레스베라트롤이 단세포 생물인 효모의 수명을 80% 연장시켰고, 쥐를 대상으로 한 실험에도 똑같이 수명 연장의 효능이 확인됐다는 결과를 실었다. 그는 포도에 많이 들어 있는 폴리페놀 중에서도 레스베라트롤은 체내의 발암 원인으로 작용하는 유해 물질들의 독성을 완화시키고 유전자의 변형을 막는다고 주장하였다. 그의 연구에 의하면 폴리페놀에 있는 레스베라트롤은 암을 예방하고, 진행 중인 암에 대해서도 일부 억제하는 효과가 있다고 하였다.

라. 치매예방

술을 많이 먹으면 알콜성 치매를 일으키지만, 소량의 레드 와인은 오히려 뇌를 이루는 핵심 성분인 베타 아밀로이드 단백질의 형성을 억제하여 치매 예방에 효과적이라고 알려져 있다.

마. 혈당조절

이스라엘 벤 구리온대학 아이리스 샤이 교수는 "와인을 천천히 음미하면 혈당조절에 도움이 되는 것으로 나타났다."라고 하였다. 당뇨병환자 224명을 레드 와인군, 화이트 와인군, 미네랄 워터군으로 무작위 배정하고 저녁 식사와 함께 2년간 약 150 ㎖ 씩 마시게 한 결과 미네랄 워터군에 비해 와인군에서 좋은 콜레스테롤인 HDL-C치가 높아지고 혈당조절에 도움이 되고 수면의 질도 높아졌다. 또한 심장질환 위험도 감소한 것으로 나타났다. 이로써 포도의 껍질에 있는 레스베라트롤은 당뇨 환자의 혈당 수치를 조절해주는 역할을 하는 것으로 결과를 발표하였다.

바. 기타

와인은 다이어트에 효과가 있으며, 우울증 감소와 소화기관 개선, 피부 트러블 개선, 골다공증 등 우리 몸에 긍정적인 역할을 많이 한다.

05. 와인 만드는 방법

　와인은 싱싱하고 잘 익은 포도를 발효하여 만든 몸에 좋은 천연 포도 주스라고 할 수 있다. 와인이 되기 위해서는 포도로부터 나온 즙과 천연조건이 와인을 만들게 한다. 와인은 어떤 과일로도 만들 수 있지만, 포도 이외의 과일에는 효모 작용을 돕기 위해 설탕을 첨가시켜야 한다. 따라서 포도는 와인을 만드는 데 꼭 필요한 이스트와 당분을 갖고 있기 때문에 포도즙을 오랫동안 놔두면 자연적으로 와인이 된다. 그러나 맛있는 와인을 만들기 위해서는 다음과 같은 공정을 거쳐야 한다.

1) 포도 준비

　포도나무는 심고 나서 5년이 지나야 상업용으로 쓰일 수 있는 포도가 생산되기 시작하여 85년 정도 계속해서 포도를 수확할 수 있다.

　포도나무는 늦가을이나 초겨울에 가지치기를 하는 데 이는 포도 수확을 줄이고 경작을 용이하게 하기 위함이다. 가지를 치고 난 다음의 주요 단계는 솎기인데 초봄에 행해진다. 성장하기 시작하는 포도나무와 불필요한 부분을 제거한다. 가지치기와 솎기가 필요한 이유는 포도의 수를 줄여서, 보다 질이 좋고 당분 함유량이 많은 포도를 수확하기 위함이다.

　수확은 늦여름부터 하는데 나라마다 차이가 있다. 포도 경작을 책임지고 있는 사람이 시간과 기후 조건이 적절하다고 판단할 때 행해진다. 이것은 중요한 단계로 와인의 질은 수확되는 때의 포도의 상태에 따라 좌우되기 때문이다. 수확된 포도는 스템머라고 불리는 기계로 보내지는데 스템머는 기계적으로 포도로부터 줄기와 대를 분리시킨다.

2) 레드 와인과 화이트 와인의 선택

　레드 와인은 껍질과 씨를 분리하지 않고 즙, 껍질, 씨를 함께 발효시킨다. 이렇게 해서 얻어지는 즙은 포도 껍질에 의해 착색되고 향이 배게 된다. 화이트 와인은 껍질과 씨를 분리하고 포도를 압착한 다음 포도즙만 추출해서 발효시킨다.

　모든 포도는 껍질 안에 하얀 과육이 있기 때문에 적 포도로 화이트 와인을 만드는 것이 가능하다. 그러나 백 포도는 적 포도와 혼합하지 않는 한 레드 와인을 만드는 데 쓸 수가 없다. 로제 와인은 흔히 생각하는 것처럼 레드와 화이트 와인을 섞어서 만드는 것이 아니다.

그렇게 할 수도 있지만 대개는 레드 와인을 만드는 과정을 따르며 내용물이 모두 발효되기 전에 압착한다. 이렇게 해서 발효된 즙은 얼마 동안 포도 껍질과 접함으로써 엷은 핑크색과 가벼운 향을 갖게 된다.

3) 오크통 보관

발효된 즙은 숙성시키기 위해 나무로 된 오크통에 넣어서 보관한다. 와인은 오크통에 담겨져 있는 오크통의 향에 따라 시간에 따라 향과 맛에 영향을 준다.

4) 병에 주입

일정한 시간이 지난 후 와인을 병에 넣어 완성한다. 와인은 병입 전이나 혹은 병입될 때 다른 와인과 혼합될 수 있다. 그러나 만약 다른 연도에 수확된 포도로 만든 와인과 혼합되었을 경우 이 와인은 빈티지 와인이라고 할 수 없다. 빈티지 와인은 질이 좋은 것만을 말하는 것이 아니고 단지 같은 연도에 수확된 와인을 넣은 것을 말한다.

06. 와인의 풍미를 좋게 하는 오크통

　오크통은 와인을 숙성시키는 것으로 프랑스에서는 바리크 즉 영어로 오크라고 표현한다. 포도주 양조에 사용되는 오크(oak; 참나무속)는 다양한 색과 맛, 탄닌 함량을 지니고 있다. 이는 일반적으로 포도주가 숙성되는 과정에서 이를 발효시키는 발효조의 형태로 영향을 미치기도 하고, 또한 스테인리스 발효조에 칩의 형태로 첨가되기도 한다. 오크 발효조는 포도주의 증발 방지와 산소 차단 역할을 하여 와인에 다양한 영향을 미친다. 최초로 오크나무가 사용된 것은 적어도 2천 전으로, 로마 제국 시기에 널리 전파되었다.

　오크통은 보통 80~120년 정도 자란 참나무에서 흠집이 없는 가운데 부분단 사용해서 만들며, 분리된 목재판은 실외에서 건조되며, 이 과정에서 다양한 물질들에 노출되게 된다. 20개월 이상을 자연 건조시키고, 못이나 접착제를 사용하지 않고 하나하나 수작업으로 정성스럽게 가공해야 하기 때문 대량생산이 어렵다.

　오트통은 미국, 프랑스, 이탈리아, 헝가리 등의 나라에서 생산되며, 이중에서 프랑스에서 만든 오크통이 가장 좋은 것으로 알려져 있다. 오크통의 용량은 225ℓ이며, 가격은 600달러

정도 한다. 역사적으로 오크통은 참나무 외에 케슈넛, 미국 삼나무, 소나무, 아카시아 등이 포도주 발효통을 만드는 재료로 사용되었다. 그러나 이 나무들은 참나무에 비해 수분 함량, 기공 등이 와인 발효에 적합하지 않았고 보관성 또한 낮았다.

오크통 숙성의 가장 큰 특징이 구운 토스트 향이 난다. 와인의 풍미를 강하게 하기 위해서 스모크 향이라든지 아니면 구운 빵 냄새가 나는 토스트 향을 입히기 위해서 오크통에 넣어 숙성한다. 두 번째는 와인 색상의 선명도를 높이는 것도 오크통의 역할이다.

오크통을 만들 때 불로 굽는 로스팅 작업을 한다. 그래서 구운 정도에 따라서 많이 구우면 헤비 로스팅 중간 정도 구우면 미디움 로스팅 그리고 연하게 그을릴 정도만 굽게 되면 라이트 로스팅이라고 한다. 헤비 로스팅 해서 오크를 굽게 되면 오크 안의 표면에 있는 기름 성분이 불에 화학 작용을 일으켜서 이렇게 악어 등껍질 같은 형태를 띠게 된다. 그래서 구운 오크통 내부의 형태를 엘리게이터라고 표현을 한다. 이처럼 오크통을 불에 굽는 작업을 하기 때문에 와인을 보관하게 되면 당연히 와인에서 기분 좋은 스모크 향이라든지 아니면은 구운 토스트 향이 나게 된다.

와인을 오크통에 넣어 장기 숙성을 하게 되면 아주 날카롭게 느껴지는 신맛이 오크 숙성을 하고 나면 부드러운 신맛 즉 날카로운 사과산이 부드러운 젖산이나 유산으로 변화할 수 있는 그런 여건을 만들어 주는 게 바로 오크통이다.

오크통의 새통과 헌통의 차이는 오래된 통보다는 새로 만든 통이 탄닌과 통기성이 훨씬 높다. 그래서 와인 양조 시에는 오래된 통보다는 새로운 통을 사용하는 것이 와인의 풍미를 더 부드럽고 깊은 양을 낼 수 있다.

제2장
WINE
맛있는 와인 상식

01. 좋은 와인 고르는 방법

현재 시장에 나와 있는 와인의 종류는 거의 10,000종이 넘는다. 이러한 와인 중에서 어떤 와인이 좋은가를 선별하기는 쉽지 않다. 와인을 좋아하는 분들은 와인을 평가하는 기준으로 '와인이 얼마나 오래되었는가?', '어느 지방에서 생산된 것인가?', '가격은 얼마인가?' 등으로 평가한다. 그러나 좀 더 좋은 와인을 고르기 위해서는 더욱 정확하고 많은 정보가 필요하다. 와인을 선택할 때는 다음과 같은 기준을 고려하여 결정하는 것이 좋다.

1) 와인의 가격

와인의 종류가 매우 다양한 만큼 와인의 가격도 매우 다양하다. 가장 싼 와인은 불과 4,000 ~5,000원으로 살 수 있는 와인도 있지만 10만원을 훨씬 넘는 와인도 많다. 세계에서 가장 비싼 레드 와인은 1992년의 타르트호크 카베르네 소비뇽 드라이 레드 와인(Screaming Eagle Cabernet 1992)으로 가격은 500,000달러(6.0L), 우리나라 돈으로 6억 2,500만원이다.

와인의 맛은 가격이 결정하는 것이 아니라 와인이 생산되는 지역의 기후, 날씨, 제조 방법, 품종 등에 의해서 결정되고 이러한 조건이 와인 가격을 측정하게 된다. 따라서 꼭 가격이 저렴한 와인이 맛이 없고, 가격이 비싸다고 와인 맛이 좋다고는 할 수 없다. 따라서, 5천 원짜리 와인을 사도 충분히 가치 있고 맛있을 수도 있고, 10만원짜리 와인을 샀음에도 불만족스럽고 맛이 별로일 수도 있다.

특히 처음 와인을 마시는 분들은 향미나 맛을 세세하게 구분하기 힘들다. 따라서 무조건 비싼 와인을 살 필요는 없고, 자신의 수준에 맞는 와인을 선택하는 것이 좋다. 자신이 만원짜리 와인을 사도 행복하고 맛있게 먹을 수 있으면 그만인 것이다.

와인 초보자라면 1~2만원 내의 와인에서도 충분한 가성비를 갖춘 와인을 고르며 와인을 맛있게 즐길 수 있으며, 와인 초보를 벗어나 와인을 즐길 줄 아는 분이라면 2~3만원 내외가 적당하며, 와인 마니아는 3~5만원 내외가 적당하다고 할 수 있다.

2) 와인과 함께 먹을 메뉴

와인을 단독으로 즐기는 것도 최고의 시간을 맛볼 수 있지만, 요리와의 함께 와인을 마시면 와인과 요리의 맛이 한층 더 훌륭해진다. 와인을 음식과 같이 먹을 때는 같이 먹을 음식이

무엇이냐에 따라 결정해야 한다. 음식의 맛이 와인의 맛에 영향을 주기 때문이다. 요리의 소재와 맛, 색상 등이 와인의 특징과 공통되는 부분을 찾아서 선택하면 쉽다.

- 일반적으로 치킨, 돼지고기, 소고기, 양고기 등의 육류에는 레드 와인과 함께 먹으면 좋다.
- 생선, 랍스터, 회 등의 해산물에는 화이트 와인과 함께 먹는 것이 좋다.
- 식전주와 디저트, 가벼운 안주에는 스파클링 와인이 좋다.
- 매운 음식이나 찌개 같이 음식을 먹을 때는 주정강화 와인과 함께 하는 것이 좋다.
- 얇은 소고기, 샤브샤브 등 육질이 얇고 부드러운 고기류에는 피노누아처럼 가볍고 섬세한 레드 와인이 좋다.
- 돼지고기, 숯불갈비, 양고기 등 육질이 두꺼운 고기류에는 쉬라, 까베르네 소비뇽, 메를로 등과 같이 오크 숙성을 한 진한 레드 와인이 좋다.

3) 와인 등급

와인의 레벨에는 등급을 표기한 와인이 많다. 일반적으로 프랑스, 스페인, 이탈리아 등 전통적인 와인 생산지를 구대륙(유럽) 와인은 엄격한 법체계 안에서 관리를 하기 때문에 좋은 와인은 분명하고 명확한 와인 레벨 등급을 갖추고 있다.

프랑스 와인의 경우 AOC라는 등급체계를 사용하고 있으며, 이탈리아의 경우 DOCG/DOC 와 같은 등급체계를 병목 부분에서 스티커 형태로 갖추고 있다. 스페인 와인의 경우, DOCA/ DO와 같은 등급 체계와 숙성 등급(리제르바, 그란리제르바)등의 라벨 표기를 하고 있다. 독일은 Omp/ Oba등의 라벨 표기를 하고 있다. 따라서 와인 레벨은 유럽 각 나라의 주류법에 의거하여 체계를 갖추고 선별된 와인 임을 확인할 수 있다.

구분	프랑스	이탈리아	스페인	독일
고급	AOC	DOCG	DOCa	Omp
	VDOS	DOC	DO	Oba
	Vin de Pays	IGT	Vino de la Terra	Landwein
저급	Vin de Table	Vin da Tavola	Vino de Mesa	Tafewein

물론 와인 라벨의 등급이 높다고 하여 무조건 좋은 와인이라고 할 수는 없지만 적어도 어느 정도 각 지역별로 뿌리와 전통이 있는 와인일 확률이 높다.

신대륙 와인들은 구대륙 와인에 비해 역사가 적기 때문에 등급 체계가 다소 미비한 편이지만 지역별로 뛰어난 품질을 가진 와인들이 있어 상식적으로 지역과 품종을 연결 지어서 고르면 좋은 와인을 뽑기 쉽다. 대표적인 예로, 뉴질랜드 말보로 지역의 소비뇽블랑, 미국 나파밸리의 까베르네소비뇽, 미국 오레곤주의 피노누아, 호주 바로사 밸리의 쉬라즈 등이 있다.

따라서 와인을 잘 몰라도, 어느 이름 모를 지역의 소비뇽블랑을 고르는 것보다 뉴질랜드 말보로 지역의 소비뇽블랑을 고른다면 좀 더 높은 질의 가성비 와인을 고를 수 있는 확률이 높다. 이는 비단 신대륙뿐만이 아니라 구대륙에서도 똑같이 반영된다.

4) 비비노(Vivino) 어플

와인을 잘 모르르면 스마트폰을 이용해서 쉽게 와인을 선택할 수 있다. 어플리케이션 중에서 비비노(Vivino) 어플은 와인에 대한 각종 평가와 점수를 공개하고 있다. 비비노 어플은 카메라로 와인의 라벨을 찍으면 해당 와인에 대한 와인 가격, 품종, 평가, 점수, 와이너리, 빈티지 등 모든 정보를 단 1초 만에 확인할 수 있다. 일반적으로 비비노 어플의 평점이 3.9~4.3 사이의 와인들은 맛있게 먹을 수 있는 와인들이라고 할 수 있다.

5) 와인 매니저에게 물어 보기

와인을 고르는 가장 바람직한 방법은 와인 전문가인 소믈리에나 와인을 판매하는 사람에게 물어보는 것이 좋다. 와인 판매점에서 와인의 판매를 담당하고 있는 소믈리에나 매니저만큼 해당 와인을 잘 아는 사람도 드물 것이다. 이들에게 본인이 원하는 가격대와 원하는 스타일, 함께 먹을 음식 등을 알려주고 거기에 맞는 좋은 와인을 추천받는 것은 매우 좋은 와인 선택 방법이 된다.

6) 기타

이외에도 와인을 선택할 때 고려해야 할 사항은 만드는 데 사용하는 포도 품종, 포도의 생산지, 생산 연도(vintage), 숙성 정도, 와인 제조 기술과 정성(생산자)을 들 수 있다.

02. 와인의 보관법

와인은 시간이 지날수록 풍미가 변한다. 콜라나 맥주가 김새면 맛이 없어지듯이 와인도 보관을 잘해야 제맛이 나고 즐겁게 마실 수가 있다. 맥주는 냉장고에 넣어두기만 하면 되지만 와인은 보관을 잘해야 풍미를 제대로 유지할 수 있다. 와인의 맛을 유지하면서 보관하기 위해서는 다음과 같은 기준을 고려해서 보관해야 한다.

- 13℃~15℃ 사이의 서늘한 온도
- 온도의 변화가 심하지 않을 것
- 습도가 75%~ 95% 사이(습도가 95%이상이면 곰팡이가 생긴다)
- 냉장고, 세탁기, 건조기 등의 진동이 미치지 않는 곳
- 직사광선이 들지 않는 곳
- 향수나 화학약품 등의 냄새가 풍기지 않는 곳

1) 개봉된 와인을 보관하는 방법

와인은 원칙적으로는 한번 마개를 개봉하면 와인이 공기와 접촉하면서 맛이 변하기 때문에 다 마셔 버리는 것이 좋다. 그만큼 마개를 개봉 후에는 보관이 어렵다. 그러나 와인을 마시다 양이 많아서 부득이하게 저장해야 할 경우에는 코르크 마개를 단단히 닫고 직사광선이 들지 않는 서늘한 곳에 놓아두어야 한다. 이때 코르크 마개가 변형돼서 공기의 주입을 막아내지 못할 것 같으면 특수한 기구를 사용하여 공기를 차단해야 한다.

남은 와인은 작은 병으로 옮겨 담으면 와인이 산소에 닿는 공간이 줄어들어 맛의 변화를 줄일 수 있다. 냉장고에 병을 세워서 저장하는 것이 좋다. 맛이 크게 변하지 않고 즐길 수 있는 것은 개봉 후 대략 3일 이내이며, 1주일 정도는 저장이 가능하다. 그러나 단맛이 나는 화이트 와인은 비교적 오랜 기간 동안 맛있게 마실 수 있다.

2) 미개봉된 와인을 보관하는 방법

1) 여름철 보관 방법

우리나라는 여름철이 상당히 무더우니까 여름철에 와인이 상하지 않도록 조심해야 한다. 여름에는 와인병을 신문지 등으로 건조하지 않도록 코르크까지 감는다. 캡슐 부분을 랩으로 감고, 고무줄 등으로 고정하면 좋다. 감싼 와인을 바닥이나 벽장 등 시원하면서 햇빛이 들어오지 않는 장소에 눕혀서 보관하는 것이 좋다. 와인을 보관하는 가장 이상적인 온도는 13℃~15℃다. 냉장고에 와인을 보관하게 되면 맛이 변해 밋밋해지게 된다. 따라서 와인은 냉장고를 사용하지 않는 것이 좋지만, 부득이 냉장고를 사용하는 경우는 비교적 온도가 높은 야채실을 사용하는 것이 좋다.

2) 겨울철 보관 방법

겨울철에는 야외에 보관할 때는 얼어서 깨지 않도록 해야 하며, 실내에서 보관할 때는 난방이 안 되는 시원하면서 어두운 방에 뉘어서 보관하는 것이 좋다. 병을 뉘어두면 코르크 마개가 와인에 젖어서 공기의 출입을 막지만, 와인병을 세워두면 공이의 출입이 자유로워진다. 와인의 온도를 13℃~15℃로 맞추기 위해서는 방의 온도가 냉장고 내부보다 기온이 더 낮을 때는 병을 신문지 등으로 싸서 냉장고의 채소실에 보관하는 것이 좋다.

3) 와인 수집가나 와인을 대량으로 구매하는 사람

　　와인이 제맛을 내도록 숙성하길 기다리는 사람이거나 한두 달 이상 소비할 와인을 갖고 있는 사람들은 와인 저장을 위해 특별한 장소를 마련하는 것이 좋다. 온도 변화가 적으면서 서늘하고 습기가 있고, 어둡고, 진동이 없는 곳이면 와인을 저장하기에 좋은 곳이다

03. 와인을 마시는 적정 온도

일반적으로 레드 와인은 상온에서 마시는 것이 좋은 것처럼 알고 있는데 화이트 와인처럼 조금 차게해서 마시는 것이 훨씬 좋은 맛을 낸다.

화이트 와인은 차게 마시는 것이 좋다. 화이트 와인은 온도가 낮을수록 신맛이 덜 느껴지고, 신선하고 섬세한 맛을 느낄 수 있지만, 온도가 낮을수록 과일 향은 덜 느껴지는 단점이 있다. 따라서 와인의 온도는 자신의 취향에 맞게 온도를 맞추는 것이 가장 좋은 방법이나 잘 모르면 일반적인 와인 온도에 맞추는 것이 좋다.

구분	와인	온도
화이트 와인	화이트 와인	13℃~15℃
	로제 와인	10℃~13℃
	샴페인	7℃
	스파클링 와인	7℃
레드 와인	과일맛이 나는 레드 와인	15℃~17℃
	좋은 레드 와인	18℃

04. 와인과 음식 매칭

　와인에는 헤아릴 수 없을 정도로 많은 종류와 관습이 있는데, 가장 중요한 것은 때와 장소, 분위기, 그리고 음식에 알맞은 와인을 선택하는 것은 좋은 와인을 더욱 맛있게 먹는 방법이다.
　와인은 그냥 마시는 것보다 그 와인에 어울리는 음식과 함께 마실 때 음식으로 인한 와인의 맛이 상승작용을 하여 와인의 맛이 더 좋아진다. 즉 와인은 특성에 따라 음식과 조화를 이루게 되는데, 이것은 짧은 시간에 이루어진 것이 아니라 오랜 세월을 두고 형성되어온 것이다.

　서양요리는 기름기가 많기 때문에 식사가 진행됨에 따라 입안이 지방으로 인해 점점 요리의 맛에 무뎌지게 된다. 이럴 때 와인의 독특한 시큼 털털한 맛은 지방분을 없애주고 혀를 긴장시켜 신선한 미각을 되찾아 주는 역할을 한다. 예를 들어 흰색을 띠는 생선 요리에 화이트 와인, 붉은 색을 띠는 육류 요리에 레드 와인이 잘 어울린다는 것은 인류가 와인을 마셔오면서 자연스럽게 생성된 하나의 습관이다.

　대부분의 서양요리에는 와인이 잘 어울리지만, 한국, 중국, 일본 등 동양 요리에는 와인과의 조화가 매우 까다로워 선택에 신중을 기하지 않으면 안 된다. 그러나 기름기 많은 중국음식에는 기름기를 쓸어내리는 마오타이나 죽엽 청주, 고량주 등 독한 곡주가 어울린다.

05. 한국 음식과 어울리는 와인

한국 음식은 맵고 짜며 국물이 많이 있는 우리 음식에는 와인과 매칭하기가 어렵다. 마늘과 생강과 고춧가루가 들어가는 굉장히 얼큰한 음식들이 많기 때문에 사실상 모든 와인하고 맞추기가 굉장히 힘들다고 봐도 무방한 게 바로 한식이다. 또한 한식의 특징은 외국과 달리 코스로 나뉘어서 나오는 요리가 아닌 바로 한상에 여러 가지 요리와 반찬이 함께 나오는 한상 상차림 문화이기 때문에 다양한 식품이 한꺼번에 제공이 되기 때문에 서양처럼 코스별로 나뉘어서 와인을 매칭하기는 매우 어렵다.

한식과 와인을 매칭하기 위해서는 상차림에 나온 전체 요리나 육류의 비중에 맞추어 와인을 선택하는 것이 좋다. 예를 들어 요리 중에 육류가 많다면 소비뇽 블랑이나 리슬링이 좋다. 해산물이 많으면 피노 누아 품종이 좋다.

와인은 기름기가 많은 중식하고 아주 좋은 매칭을 보여 주면서도 한식의 다양한 음식에도 무난하게 가장 중성적으로 맞출 수 있는 게 바로 슈냉 블랑이다. 한국을 대표하고 모든 세계인이 좋아하는 우리나라 전통 불고기에는 고기에 밴 숯불 향 그리고 소스를 만들 때 들어가는 배라든지 과일 등이 들어가기 때문에 부드러운 단맛이 포함되어 있는 게 불고기의 특징이다. 그래서 맛이 풍부하고 단맛이 있는 레드 와인과 잘 어울린다. 불고기에 어울리는 와인으로는 피노 누와, 메를로, 진판델, 까버르넬 등이 있으며, 소미용 품종도 어느 정도 매칭이 된다.

06. 와인과 가장 궁합이 맞는 치즈

와인과 궁합이 가장 잘 맞는 안주는 바로 치즈다. 치즈와 와인은 같은 발효식품으로 맛과 향기의 결정 요인도 매우 비슷하다. 그래서 와인과 치즈는 불가분의 관계이기도 하다. 와인과 어울리는 치즈를 고르는 방법은 기본적으로 와인 성격과 비슷한 치즈를 고르면 된다.

치즈와 가장 어울리는 와인으로는 화이트 와인 품종이다. 그리고 샴페인 즉 발포성 와인 또는 프랑스 상파뉴에서 생산되는 샴페인하고 잘 어울린다. .화이트 와인이나 스파클링 와인은 치즈 중에서 크림치즈나 모차렐라 같은 산뜻한 타입이 좋다. 숙성 기간이 길어 산도가 강한 화이트 와인은 고다, 체더, 에담같은 세미하드 치즈가 어울린다. 달콤한 디저트 와인에는 푸른 곰팡이가 나 있는 블루치즈(고르곤졸라, 스틸톤, 로크포르 같은 치즈)가 잘 어울린다.

치즈는 우유를 그대로 두면 자연스럽게 응고되는 물질 즉 커드라고 하며, 커드를 이용해서 만드는 게 치즈다. 치즈는 기원전 3500년 메소포타미아 지방에서 처음 만들어 먹기 시작했다.

치즈는 와인과 마찬가지로 메소포타미아 지방에서 먼저 시작이 되었다.

치즈의 종류는 와인만큼 다양하여 약 800여 종이 있다. 그리고 대부분의 치즈 명칭은 와인처럼 지방 이름이라든지 도시 이름에서 유래된다. 그리고 보편적으로 경도 즉 딱딱한 정도에 따라서 연성 치즈와 경성 치즈 이 두 가지로 나누어진다.

우유와 치즈에는 아미노산 알코올 분해를 촉진하며, 우유 대신 치즈를 드시면 골다공증 예방에 탁월한 효과가 있다. 그리고 1일 칼슘 권장량은 우유와 치즈를 비교했을 때 치즈가 훨씬 높다. 그리고 레드 와인은 치즈 특유의 맛과 냄새를 줄여주는 효과가 있고 치즈의 칼슘 소화 흡수율은 60%~70%로 멸치의 소화 흡수율보다 훨씬 높다. 따라서 나이가 들수록 우유보다는 치즈를 먹는 것이 효과적이다. 그리고 특히 치즈에는 비타민 B가 많이 포함되어 있기 때문에 시력 보호에 아주 탁월한 효과를 갖고 있다.

치즈의 보관은 와인과 마찬가지로 온도는 낮고 어두운 곳에서 그리고 통풍이 잘 되는 곳에서 보관해야 한다. 냉장고에 보관하는 건 좋지만 오래 보관할 경우에 통기성이 문제가 되고 조직이 파괴될 수가 있다. 그리고 개봉 후에는 밀폐된 용기나 종이로 포장해 보관하고, 가급적이면 랩이나 은박지로 너무 압착하지 말아야 한다. 그리고 음식과 함께 보관하면 치즈의 맛과 향이 손상될 수 있으니까 유념해야 한다.

냉장고 등 차가운 곳에서 보관한 치즈는 한 시간 전에는 미리 꺼내서 실온에서 먹기 좋은 온도로 높여주어야 향이 살아난다. 그리고 치즈는 절단하고 나면 절단면이 빨리 마르기 때문에 먹을 때도 가급적이면 오랜 시간을 두고 먹기보다는 빨리 먹는 것이 좋다.

07. 와인의 권장 주량

　와인은 인류 역사와 함께 발전해 온 레드 와인은 백화점부터 편의점까지 쉽게 접할 수 있는 동시에 맛의 차이가 워낙 심해 가격부터 몇 천원부터 몇 천만원까지 다양하고 종류도 많아 결정 장애를 갖게 하는 주류이기도 하다. 그러나 가격 차이가 브랜드와 맛의 차이는 있지만 와인의 효능에는 커다란 차이가 없다.

　와인이 다양한 질병의 예방 효과를 하며 비타민과 미네랄이 함유된 와인이지만, 알콜이 함유된 주류이기 때문에 많은 양을 한꺼번에 섭취하면 오히려 위를 자극하고 신진대사를 방해하게 된다. 따라서 몸에 좋은 와인의 효과를 보기 위해서는 적정량을 마셔야 한다.

　와인의 적정량은 와인 한병 즉 750㎖는 와인잔으로 6잔 정도가 나오게 되는데 건강을 위한 1일 섭취 권장량은 개인의 알콜 분해 능력에 따라 차이가 있지만 서양의 경우 성인 남자의 경우 4잔, 여자의 경우는 2잔이라고 한다. 우리나라 사람들은 서양 사람들과 식습관과 알콜 분해 능력이 다르므로 1일 2~3잔 정도가 적당하다고 할 수 있다.

　미국 3대 암센터 중 하나인 휴스턴 엠디앤더슨 암센터는 적당량의 와인 섭취가 심혈관질환의 발병률을 낮출 수 있기 때문에 와인을 마신다면 여성은 하루 한 잔, 남성은 하루 두 잔 이상 마시지 않기를 권고하였다. 특히 여성에게 매일 한 잔의 레드 와인은 기저세포, 대장, 전립선암, 난소암 등과 같은 특정 암의 위험을 효과적으로 줄일 수 있다고 하였다.

　와인을 마실 때는 청포도보다는 적포도에 레스베라트롤 함류량이 더 높으니 화이트 와인보다는 레드 와인을 마시는 것이 좋으며, 와인을 마실 때는 빨리 마시는 것보다는 천천히 마시는 것이 훨씬 건강에 도움이 되는 것으로 나타났다.

　이처럼 와인은 우리 몸에 긍정적인 역할을 하지만 술이기에 과다하게 마시거나 매일 마시는 것은 좋지 않다. 여성은 하루 한 잔, 남성은 하루 두 잔을 마시고, 하루를 마시고 하루나 이틀 정도 건너뛸 뛰는 것이 좋다.

08. 와인 이름의 작명

와인의 종류만큼 와인의 이름은 매우 다양하다. 그러나 와인의 이름을 만드는 방법을 알면 와인을 이해하는데 도움이 된다.

와인의 이름을 만들 때는 와인을 만드는 포도의 종류나, 생산지 이름에 생산자(혹은 양조장)의 이름을 추가하면 일반적으로 우리가 사용하는 와인 이름이 된다. 로버트 몬다비 카베르네 쇼비뇽(Robert Mondavi Cabernet Sauvignon)이라는 와인 이름은 와인 생산자인 로버트 몬다비(Robert Mondavi)와 포도 이름인 카베르네 쇼비뇽(Cabernet Saubignon)을 합해 만들어진 것이다.

1) 생산자명(양조자명)

프랑스 보르도 지방에서 주로 사용되는 방법으로서 와인을 생산한 양조장 명을 그대로 와인의 이름으로 사용하는 경우다, 이는 자기네들의 전통을 지닌 오래된 유명한 포도원(샤또; Chateau) 이름을 그대로 와인 이름으로 사용함으로써 단일화된 이미지를 강하게 부각시키고자 한 것이다. 예) 샤또 마고(Chateau Margaux), 샤또 디켐(Chateau d'yquem)가 여기에 해당된다.

2) 생산된 지역명

와인이 생산된 지역의 이름으로 사용하는 경우로 프랑스 남부나 이탈리아에서 많이 찾아볼 수 있다. 예) 샤블리(Chablis), 키안띠 클라시코(Chianti Classico), 모르공(Morgon), 소아베(Soave) 등이 있다. 프랑스, 스페인, 이탈리아 등 전통적인 와인 생산지를 구대륙(유럽) 와인 생산지라 부르며 칠레, 아르헨티나, 미국, 뉴질랜드, 호주 등의 새로운 와인 생산지를 신대륙이라 부른다

3) 포도밭 이름

프랑스의 대표적인 와인생산지역인 보르도와 부르고뉴(영어론 버건디) 중 부르고뉴 지방의 와인들이 주로 사용하는 경우다. 오랜 역사를 통하여 와인의 품질과 개성이 입증된 포도밭이 널리 알려지면서 있어서 와인 이름이 되었다. 예) 라 로마네 꽁디(La Rmanee-Conti), 샹베

르땡(Chambertin), 몽라쉐(Montrachet) 등이 있다.

4) 포도 품종

와인의 원료가 되는 포도의 품종명을 와인명으로 사용하는 경우다. 단일 품종일 경우도 있고, 두 가지 이상의 다른 포도 품종으로 블랜딩 하기도 한다. 두 가지 이상의 다른 품종으로 제조할 때는 기준 이상의 정해진 비율만 충족해도 단일 품종명으로 부를 수 있고 미국이나 칠레 호주 등 신대륙 나라들이 이 방법을 사용한다. 유럽에서는 독일과 프랑스 알자스지방에서 품종명을 이름으로 사용한다.

예) 샤도네이(Shardonnay), 까베르네 쇼비뇽(Cabernet Sauvigon), 메를로(Merlot), 쉬라즈(shiraz),피노 누아(Pinot Noir) 등이 있다.

5) 브랜드명

와인이 만들어진 동기나 전설 등의 내력 있는 와인들 이름을 만들거나 해당 와인과 관련된 유명인의 이름을 와인명으로 사용하는 경우가 있다. 예) 라크리마 크리스티(Lacryma Christi; 그리스도의 눈물), 성모의 젖(Liebfraumich), 젤르 슈바르체 카츠(Zeller Schwarze Katz; 검은 고양이), 돔 페리뇽(Dom Perignon) 등이 있다.

라크리마 크리스티

성모의 젖

젤르 슈바르체 카츠

09. 유럽과 미국 와인 이름의 차이

　일반적으로 유럽에서는 생산지의 이름을 따서 와인의 이름을 짓고 미국에서는 포도의 이름을 따서 와인에 이름을 붙인다. 물론 유럽 와인에도 포도명이 라벨에 표시되고 미국 와인에도 생산지명이 표시되는 경우가 있다. 예를 들면 포도명을 포함시킨 시미(the Simi:상표명) 쇼비뇽 블랑(포도명)도 있고 지역 이름을 포함시킨 볼라(theBolla: 상표명) 소아베(지역)도 있다.

　포도의 이름을 따서 와인 이름을 지으려면 와인을 만드는데 사용한 포도가 최소한 유럽 국가들에서는 85%, 캘리포니아에서는 75%은 되어야 한다.

　와인의 이름을 짓는 방법을 보면 다음과 같다.

1) 유럽의 와인 이름

　생산지 이름(보르도, 버건디 등) + 생산자(양조장)의 이름을 합쳐서 만든다. 유럽산 와인의 경우 와인을 만들기 위해 사용한 포도가 그 지역에서 법으로 정한 포도가 아니라면 상표에 포도 이름을 표시할 수 없다.

2) 미국의 와인 이름

　포도 품명 + 생산자(양조장)의 이름을 합쳐서 만든다.

　상표명 와인은 여러 가지 와인에 두루 쓸 수 있다. 예를 들어, 캘리포니아산 퍼쳐라는 상표 아래 진판델, 카베르네 쇼비뇽, 샤르도네라고 적을 수도 있고 프랑스산 루이 자도라는 상표명 아래에 보졸레, 푸위 휘세, 마콩 비라쥐 및 기타 이름들을 사용할 수 있다.

3) 특허 등록명

　태피스트리(Tapestry; 5가지 보르도 유산 포도 품종으로 블렌딩한 와인), 컨넌드럼(Conundrum; 캘리포니아 최고의 포도주 양조장 지역에서 생산되는 와인), 인시그니아(Insignia; 조셉 펠프스가 손으로 만든 보르도 스타일의 와인), 카디날레(Cardinale, Isosceles; 나파 밸리를 둘러싼 일부 산지 및 벤치 랜드 포도원에서 블렌딩한 포도를 사용하여 만든 와인), 등은 생산업자가 특수한 와인에 붙인 특허 등록명이다. 미국의 경우, 특허 등록명을 가진 와인들은 대개 몇 종류의 포도를 섞어 만든다. 특허 등록명 어떤 특정한 포도 이름으로 지은 것이 아니라 지역을 대표하는 상징물이나 공법 등으로 이름을 붙이기도 한다.

특허 등록명은 특정한 와인에만 사용할 수 있다. 그리고 특허 등록명 와인은 대개 소량으로 만들어지며 무척 비싸며, 품질은 대단히 좋은 것이 특징이다.

태피스트리 와인   컨넌드럼 와인

10. 와인 레이블 읽는 방법

　레이블은 와인에 붙어 있는 상표를 말한다. 레이블은 와인을 설명하는 내용으로 국가별로 레이블에 표기 되어야 하는 정보들이 조금씩 다르다. 일반적으로 레이블에는 생산자명, 생산지역명, 아인 브랜드명, 포도밭 이름, 숙성 정도를 표시한다.

　따라서 레이블이 주는 정보는 와인의 맛을 직접보지 않고 레이블만 보고도 어느 정도 와인의 특성을 가능해 볼 수있는 척도도 된다. 레이블은 17세기 후반부터 와인병이 보관을 위한 도구로서 널리 보급되면서 시간이 흐르면서 와인 병의 모양이 길쭉해지면서 병에 레이블을 붙일 수 있는 공간이 확보되면서 쓰이기 시작했다.

　접착제가 개발된 19세기 중반부터 상표를 붙이는 것이 일반화되었으며, 판화 기술과 인쇄기술이 발달함에 따라 예술성을 가미하여 독특한 형태로 디자인되고 있다. 이제 레이블만 보고도 와인의 상태나 회사의 브랜드를 결정짓기도 한다.

GRAND CRU CLASSÉ ← 와인의 등급

CHATEAU LA LAGUNE ← 와인 생산지
HAUT · MÉDOC
APPELLATION HAUT · MÉDOC CONTROLÉE
프랑스 보르도 지역의
Haut-Médoc 지역에
있는 와이너리

1981 ← 생산 년도

SOCIÉTÉ CIVILE AGRICOLE DU CHATEAU LA LAGUNE ← 생산 회사
PROPRIÉTAIRE A LUDON (GIRONDE) FRANCE

MIS EN BOUTEILLE AU CHATEAU ← 샤토에서 병입
PRODUCE OF FRANCE　75cl ← 용량 750ml

11. 와인 테스팅

와인 테이스팅은 와인의 품질을 알고 그 특징을 찾아내기 위해 일정한 방법과 절차에 따라 사람의 감각기관을 통해 와인을 인지하고 분석하여 평가하는 의식적인 행위를 말한다. 쉽게 말해서 와인 테이스팅은 와인을 시음해 보는 것을 말한다.

와인 산업에 종사하는 전문가로서 정확하고 엄격한 기술적인 시음과 감정을 해야 하는 경우와 단순히 소비자로서 와인을 시음하고 느낌을 나타내는 경우로 나눌 수 있다. 전문가로서의 시음은 포도원 관리인이나 와인 양조자, 학자들이 와인 생산 과정에서 훌륭한 와인을 양조하기 위해 거치는 시음일 것이고 와인 유통업자는 사업을 위해 품질 및 가격기준에 맞는 와인을 선택하기 위해 시음하는 것을 말한다. 이처럼 전문가로서 시음하는 사람을 소믈리에라고 한다.

와인의 각 품종과 지역의 와인마다 고유한 특성이 있으므로 와인을 올바르게 시음하는 법을 배우면 와인에 대한 지식을 더욱 높일 수 있다. 와인 테이스팅을 단계별로 분류하면 와인을 온전히 평가하고 감상할 수 있게 된다.

1) 와인의 색깔

매우 진한 레드 와인은 시라 또는 진판델과 같이 껍질이 더 두껍고 타닌이 많이 포함된 포도에서 추출한 것이며, 밝은 빛의 레드 와인은 피노 누아와 같이 얇은 껍질의 포도가 사용되었음을 나타내기도 한다. 탁하거나 흐린 와인은 필터링되지 않았거나 와인이 변했음을 의미한다. 또한, 레드 와인이 숙성될수록 더 가벼워지고 종종 갈색빛을 띠는 것은 일반적인 규칙이다. 화이트 와인은 시간이 지남에 따라 더 어두워지며 밝은 꿀 또는 황금빛 짚 색깔로 변한다.

와인의 색을 구분하기 위해서는 먼저 와인잔을 흔든 후엔 여러 줄기의 와인이 유리잔 아래로 향하는 것을 볼 수 있는데, 이것을 '다리'라고 한다. 알코올이 많을수록 다리가 많고, 단맛을 내포한 와인은 움직이는 다리가 더 크고 느리다.

2) 와인의 향

　와인의 향기는 품질과 품종을 결정할 때 와인의 맛만큼이나 중요할 수 있다. 와인에는 수천 가지의 향이 있을 수 있지만 여러 개의 다른 카테고리로 분류할 수 있다. 예를 들어 과일, 향신료, 야채, 꽃, 식물, 견과류로 나눌 수 있다.

　와인의 향은 와인의 결함을 나타내는 데에도 도움이 될 수 있다. 젖은 골판지와 곰팡이 냄새가 나거나 와인에서 향기를 나지 않는 경우는 와인이 산화, 빛에 의한 손상, 환원 또는 높은 온도에 의해 끓여진 와인을 나타낼 수 있다.

3) 와인의 맛

와인이 입에 들어오면 와인의 풍미뿐만 아니라 와인의 타닌 레벨, 산도, 입에서 느끼는 촉감 및 전반적인 균형을 결정할 수 있다.

대부분 적포도주에 해당하지만, 삼키고 나서 입이 끈적거리고 건조하다면 그 와인엔 타닌이 많이 들어있음을 말한다. 적포도주의 끈적임과 드라이함을 비교하면 와인의 타닌 정도를 알아내는 데 도움이 된다. 와인이 약간 시큼하거나 입에 침을 고이게 한다면 산도가 높다는 것을 뜻한다.

와인이 입에서 느껴지는 촉감은 혀에서 무겁거나 가볍게 느껴지는지 확인해 볼 수 있다.

와인의 균형은 강한 산성을 띠지만 타닌이 없는 레드 와인, 매우 달지만, 알코올 수준이 낮은 화이트 와인, 알코올 수준이 매우 높고 많은 양의 탄산을 가지고 있는 스파클링 와인 등으로 나눌 수 있다.

와인의 맛은 다음과 같이 구분할 수 있다.

- 과일 : 파인애플, 레몬, 라임, 멜론, 오렌지, 딸기, 블랙베리, 체리, 크랜베리, 스타프루트
- 야채/꽃 : 라벤더, 로스트 페퍼, 칠리 페퍼, 바이올렛, 허니 서클
- 허브 : 정향, 오레가노,
- 향료 : 후추, 백 후추, 제빵 향신료,
- 기타 : 식염수, 철분, 화분의 흙, 가죽, 담배, 버섯의 맛

12. 와인 테스팅하는 방법

    일련의 와인 테이스팅은 블렌딩, 지역, 품종, 생산연도 및 포도주 재배환경을 비교하고 대조하는데 도움이 될 수 있다. 이러한 시음 작업을 수행하는 일반적인 방법에는 호리젠탈, 버티컬, 블랜드 및 이중 블라인드 시음법이 있다.

1) 호리젠탈 와인 시음법

    호리젠탈 테이스팅에서는 연도는 같지만 다른 와이너리에서 나온 일련의 와인을 시음한다. 테스팅 와인들은 보통 같은 지역과 포도 품종을 가지고 있으므로, 이를 통해 같은 지역의 미기후와 와인 양조 스타일을 비교할 수 있다.

2) 버티컬 와인 시음법

    빈티지가 다른 같은 와인이 주어진 와이너리에서 선택된다. 이는 와인 메이커들이 포도주 재배 환경, 연간 기후 차이 또는 다른 포도 재배 및 포도 양주학 전략이 와인에 어떤 영향을 미치는지에 대해 배울 수 있는 훌륭한 방법이다.

3) 블라인드 와인 시음법

    와인은 일반적으로 같은 품종에서 선택되며 시음자들에게 미리 공개되지만, 지역은 알려주지 않는다. 이는 와인 산업에 종사하는 사람들이나 와인을 더 잘 배우기를 원하는 애호가들에게 좋은 시음법이다.

4) 더블 블라인드 와인 시음법

    더블 블라인드 와인 시음법은 서로 다른 품종과 연도를 미리 알려주지 않고 시작한다. 와인 전문가인 소믈리에들은 이 훌륭한 테스트 또는 시음법을 통해 와인에 대한 지식을 얻을 수 있다. 두 개의 블라인드 테이스팅에서, 일반적으로 와인병을 가리고 시음 끝에 알려준다.

13. 테이스팅 관련 용어

와인을 테이스팅할 때는 다음과 같은 용어를 사용한다.

- 바디(Body) : 맛의 점성도, 진한정도와 농도 혹은 질감의 정도를 표현하는 와인 테이스팅 용어이다. 바디가 있는 와인은 주로 좀 더 높은 알코올이나 당분이 더 많은 편이다.
- 산도(Acidity) : 와인이나 음식에서 느끼는 시큼한 맛. 주로 포도가 주는 산도는 주석산이고 풍부한 능금산으로 섬세한 와인을 만드는 데에 많은 기여를 한다.
- 수렴성(Astringency) : 와인에 있는 탄닌에 의해 느껴지는 맛의 감각을 의미하는데 주로 표현되는 말로는 입안에서 드라이(Dry)하다, 쓰다 혹은 떫다라는 표현을 많이 쓴다.
- 스파이시(매운맛-Spicy) : 와인의 맛을 표현할 때 쓰이는 테이스팅 용어로 게뷰르쯔트레미너(Gewurztraminer) : 포도품종으로 만든 와인일 경우 스파이시 하다는 표현을 주로 쓴다.
- 신맛(Sour) : 신맛을 느끼는 테이스팅 용어로 탄닌이 약간 있는 쓴맛과 혼돈될 수 있다.
- 아로마(Aroma) : 포도의 원산지에 따라 맡을 수 있는 와인의 냄새 혹은 향기를 의미한다. 반대말로는 부케(bouquet)라고 하는데 이는 와인의 제조 처리과정 이나 숙성 방식에 따른 향기를 의미한다.
- 콜키(Corky) : 콜키 와인(Corky Wine)은 케케묵은 콜크 향으로 와인의 냄새를 나쁘게 한다. 이런 향이 날 경우의 와인은 버리고 다른 와인을 마시는 것이 좋다.
- 탄닌(Tannin) : 자연적인 폴리페놀 물질로 쓴 맛 혹은 수렴성이 있어서 입안에서 떫은 맛을 느끼게 한다. 탄닌은 포도의 껍질과 줄기 그리고 씨앗에서 생기게 되고 배럴에서 숙성할 때 나무와의 접촉에서도 이 물질이 생긴다.
- 토양적인(Earthy) : 와인을 평가할 때 사용되는 테이스팅 언어로 토양, 버섯류 혹은 곰팡내를 연상하는 냄새 혹은 맛을 나는 느낌을 뜻한다.
- 투명성(Clarity) : 와인을 평가할 때 와인에 침전물이나 뿌연 느낌이 없이 투명한 경우에 사용되는 용어이다.
- 프루티(Fruity) : 와인 테이스팅 용어로 발효과정에서 포도의 신선한 향을 유지한 와인을 뜻한다.

- 플랫(Flat) : 와인 테이스팅 용어로 산미와 또렷한(Crispness) 생동감이 결여된 와인을 플랫 와인이라 한다. 플랫 와인들은 향이 좋다 하더라도 마시기가 어렵다. 발포성 스파클링 와인에서 플랫이라는 뜻은 와인에 탄산가스가 결여되었다는 뜻이다.
- 피니쉬(Finish) : 와인을 테이스팅할 때 입안에 남는 와인에 대한 마지막 느낌을 뜻한다.

14. 와인 관련 용어

- 데고르주망(Dégorgement) : 마담 클리코(Madame Cliquot)가 1816년에 개발한 이 방법은 찌꺼기(침전물)를 제거하는 과정이다. 찌꺼기가 병 입구로 모여 코르크에 달라붙으면 병목 부분만 영하 25도로 얼린 후 높은 압력에 의해 찌꺼기들이 밖으로 터져 나오게 한다.

- 도자주(Dosage) : 데고르주망이라는 찌꺼기 제거 과정을 거친 후 줄어든 양을 채우기 위해 당분이나 다른 와인 등을 첨가하는 것을 도자주라고 하는데 그 함량에 따라 샴페인 스타일과 단맛이 결정된다.

- 디켄팅(Decanting) : 병에 있는 와인의 침전물을 없애기 위해 조심스럽게 와인을 따라 다른 깨끗한 병(디켄터; Decanter)으로 와인을 옮겨 따르고 뒤에 남은 찌꺼기는 버리면 된다. 디켄팅은 주로 와인을 서빙하기 1시간 전에 한다.

- 로제(Rose) : 프랑스말로 핑크색 와인이라는 뜻으로 전 세계적으로 사용되는 용어이다.

- 르뮈아주(Remuage) : 영어로 리들링(Riddling)이라고도 하는데, 오랜 숙성 기간 동안 생긴 찌꺼기를 병 입구 쪽으로 모으는 과정을 말한다. 쀼삐트르(Pupitre)라고 불리는 A자 모양으로 생긴 틀에 병을 거꾸로 꽂아 조금씩 돌려준다. 과거에는 이 작업도 르뮈에르(Remueur)라고 불리는 사람들이 일일이 손으로 했는데 최근에는 자이로팔레트(Gyropalette)라는 기계가 대체하는 곳이 많다.

- 말로렉틱 발효(Malo-lactic fermentation) : 박테리아 발효로 때로는 1차 이스트 발효 후 새로운 와인에서 발생한다. 말로렉틱은 자연적으로 능금산에서 젖산과 CO_2로 변하게 하는 2차 발효과정이다.

- 매그넘(Magnum) : 표준 와인 병 750㎖ 사이즈 병 보다 두 배로 큰 와인 병 사이즈를 말한다.

- 메서레이션(Maceration) : 주스를 발효하기 이전에 특정 기간 동안 포도와 포도즙이 잘 섞이도록 하는 행위를 말한다.

- 발효(Fermentation) : 원래 말은 "열을 가하지 않은 상태에서 끓인다"라는 뜻이다. 이 방법은 포도 주스나 다른 설탕이 들어있는 용액에 이스트를 첨가하면 이 설탕이 에틸 알코올 과 CO_2로 변하게 된다. CO_2는 거품 형태로 일어나기에 외형으로는 열없이 끓는

것처럼 보인다.

- 베리(Berry) : 포도 알 낱개
- 부케(Bouquet) : 주로 와인 생산과정이나 숙성 과정에 의해 생기는 와인의 냄새 혹은 향기를 말한다.
- 브랜디(Brandy) : 와인을 증류하여 만든 술.
- 브뤼(Brut) : 프랑스 용어로 가장 드라이(가장 달지않은)한 샴페인.
- 블렌딩(Blending) : 2가지 이상의 포도 품종을 혼합하는 새로운 맛이나 향을 만들어 내는 것을 의미한다. 대표적인 것이 보르도 와인으로 완벽한 배율로 블렌딩 한 와인은 각 포도 품종들의 단점은 보완해 주고, 각기 다른 특징의 결합으로 더욱 맛있는 와인이 된다.
- 빈(Vin) : 프랑스어로 와인이라는 뜻이다. 전 세계적으로 널리 사용되는 용어이다.
- 빈티지 와인(Vintage wine) : 빈티지란 프랑스의 뱅당즈(Vendange)와 동일한 뜻으로 포도의 수확 혹은 포도의 수확기를 말한다. 특별히 잘된 해의 포도로 만든 와인은 그 연호를 상표(on the Label)에 표시하며 이것을 빈티지 와인이라 한다. 샴페인이나 포트 와인에 빈티지라고 쓰여 있을 때는 'A Very Good Year'라는 문자 외의 뜻을 내포하고 있다.
- 샤또(Chateau) : 원래 프랑스 어로 성(Castle)이라는 뜻이다. 보르도에서는 '포도원/제조원'이라는 용어로 주로 사용된다. 실제로 예전에는 성에서 주로 포도가 생산되었다.
- 샤블리(Chablis) : 미국에서 일상적인 화이트 테이블 와인들을 말할 때 쓰이는 총칭
- 샹파노아즈 방식(Methode Champenoise) : 발포성 와인을 만들 때 병 속에서 발효하는 방식이다.
- 소믈리에(Sommelier) : 와인이 있는 고급 레스토랑에서 와인을 전문으로 하는 웨이터를 말한다.
- 숙성(Aging) : 최상의 와인으로 완성하기 위해 어떤 특정한 환경 속에서 와인을 보관하는 것을 말하다. 주로 레드 와인 경우에는 오랜 기간 동안 오크통에서 오인을 숙성시키며 화이트 와인이든 레드 와인이든 좀 더 복잡미묘한 맛을 발달시키기 위해 병 속에서 숙성시키는 경우가 많다.
- 아이스와인(Ice Wine) : 얼은 포도로 와인을 만드는 것으로 포도가 언 상태에서 압착을 하여 주스를 짜 발효한다. 아이스 와인은 항상 달콤한 디저트 와인이 되며 주로 가벼우면서도 섬세하다.
- 아펠라시용(명칭:Appellation) : 특정 포도가 재배되는 포도원의 위치를 세분화한 명칭

으로 라벨에 표기된다.

- 안젤리카(Angelica) : 달콤한 디저트 와인이다. 주로 호박색이고 독특한 향이 별로 없다. 종종 캘리포니아에서는 와인을 만들다 남은 모든 포도들을 모아서 만들게 된다. 역사적으로는 교회 성찬식에 팔렸던 와인이다.

- 에프터 테이스트(Aftertaste) : 와인을 한 모금 마시고 나서 입 안에 남아 있는 맛의 느낌으로 와인 테이스팅할 때 추가적으로 느껴지는 와인의 특질이나 결점을 감지할 수 있어 중요하다.

- 오크(Oak) : 주로 와인 베럴를 만들 때 사용하는 나무의 종류. 오크 베럴에서 숙성된 와인인 경우 좋은 탄닌과 바닐라 향을 느낄 수 있다.

- 와이너리(Winery) : 와인이 만들어지는 장소 또는 포도주양조장

- 와인 메이커(Winemaker) : 포도주 양조장에서 와인 제조를 책임지고 있는 사람으로 와인 메이커는 주로 포도주의 발효, 숙성 그리고 병입 작업까지 책임진다.

- 우드 탄닌(Wood tannin) : 나무에서 생산된 탄닌으로 오크통에서 숙성된 경우이다.

- 우디(Woody) : 와인을 테이스팅할 때 주로 쓰는 용어로 오랜 기간 동안 나무통 속에 보관된 경우 일반적으로 나무 향과 맛이 강해진다.

- 저그 와인(Jug Wines): 1.5ℓ 사이즈 혹은 더 큰 와인 용기에 담아서 적당한 가격으로 파는 와인들에 대한 속칭이다.

- 정제(Fining) : 와인의 불필요한 구성요소를 없애기 위해 정화하는 것을 말한다.

- 제로보엠(Jeroboam) : 평균 사이즈보다 큰 사이즈의 와인 병을 이야기한다. 그러나 정확한 사이즈는 표준화되지 않았다. 생산자에 따라 750㎖보다 4, 5, 6배 정도 큰 사이즈인데 프랑스 샹파뉴 와 미국 캘리포니아의 경우에는 3ℓ, 보르도의 경우 3.75ℓ 그리고 영국에서는 4.5ℓ 정도를 말한다.

- 캐릭터(Character) : 맛의 스타일을 이야기하는 와인 테이스팅 용어

- 크뤼(Cru) : 와인 재배에 쓰이에 쓰이는 프랑스 말. 크뤼 클라세(Cru Class; 특등급)와 같은 높은 품질의 포도원을 말한다.

- 탄소 메서레이션(Carbonic Maceration) : 포도알 전체를 으깨지 않고 발효하는 과정을 말한다. 이 과정은 주로 가볍고 포도의 성격이 강한 와인일 경우 병 속에서 숙성시키지 않고 빨리 마셔 버리는 와인에 많이 사용된다. 주로 프랑스지역의 보졸레 누보를 생산할 때 많이 쓰이는 제조 방식이다.

- 테이블 와인(Table Wine) : 규정에 의하면 14% 미만의 알코올 도수를 함유한 모든 와인들을 이 범주에 넣고 있다. 와인은 식사할 때 함께 즐길 수 있는 음식이라는 의미이다.
- 펀트(Punt) : 와인 병 바닥의 움푹 들어간 부분을 말한다. 병 바닥에 움푹 들어간 곳으로 와인의 침전물을 모이게 하고, 와인을 따를 때 손으로 쥐기에 편리하게 되어 있다.
- 폴리페놀(Polyphenols) : 와인에서 생기는 화학적인 성분으로 떫은 맛과, 쓴맛, 입안이 마르는듯한 느낌을 준다. 폴리페놀은 포도의 탄닌과 포도 껍질의 색소에서 주로 발견되는 성분이다.
- 필록세라(Phylloxera) : 포도나무 뿌리에 살고 있는 미세한 진딧물로 뿌리의 주스를 빨아먹고 산다. 포도나무에 나쁜 영향을 미친다. 유럽의 포도나무를 죽이는 나쁜 영향을 미치는데 미국의 포도나무 뿌리는 저항력을 가지고 있다.
- 하드(Hard) : 와인 테이스팅 용어로 지나치게 탄닌이 많고, 쓰거나, 수렴성(떫은맛)이 강 할때 표현하는 용어이다.
- 헥토리터(Hectoliter) : 유럽 포도주 양조장에서 와인을 측량하는 표준 단위이다. 1헥토리터는 100 ℓ (liters)이다.
- 흰가루병(Powdery mildew) : 포도나무에 생기는 곰팡 균의 일종으로 건조한 기후에서 주로 발견되는 이 질병은 전 세계적으로 있는데 캘리포니아에서 가장 많이 발견되는 골치 아픈 질병이다.

제3장

WINE

와인의 종류와 구분

01. 와인의 구분

1) 색깔에 의한 분류

- 레드 와인(Red wine) : 적포도로 만들어 붉은색을 띠고 있고 와인
- 화이트 와인(White wine) : 잘 청포도를 원료로 하여 씨와 껍질을 제거한 과즙을 이용하거나 적포도의 즙만으로 제조한 황금색 와인
- 로제 와인(Rose wine)은 핑크색을 띠고 있는 와인

2) 용도에 의한 와인의 분류

- 애피타이저 와인(Appetizer Wine) : 본격적인 식사를 시작하기 전에 식욕을 돋우기 위해서 마시는 와인
- 테이블 와인(Table wine) : 식중 와인이라고도 하며, 식욕을 증진시키고 분위기를 좋게 하는 역할 외에도 음식의 맛을 잘 볼 수 있게 입안을 헹궈주는 역할을 하는 와인
- 디저트 와인(Dessert Wine) : 식사 후에 입안을 개운하게 정리하려고 마시는 와인

3) 당도에 따른 와인의 분류

- 드라이 와인(Dry Wine) : 당도가 가장 적은 와인을 말하며, 단맛이 거의 남지 않은 와인으로 잔여 당 함량이 1% 미만인 와인
- 미디엄 드라이 와인(Medium Dry Wine) : 드라이 와인(Dry Wine)과 스위트 와인(Sweet Wine)의 중간 정도의 와인을 말하며, ℓ당 잔류하는 포도당이 10~18g 정도의 와인
- 스위트 와인(Sweet Wine) : 1ℓ 당 포도당의 함량이 18g 이상의 와인

4) 등급에 따른 와인의 종류

- 아뺄라시옹 도리진 콩트롤레(AOC; Appellation d'Origine Controlee)

- 뱅 델리미테 드 쿠알리트 쉬페리에(VDQS; Vins Delimites de Qualite Superieure)
- 뱅 드 빼(Vins de Pays)
- 뱅 드 따블(Vins de Table)

5) 생산 방식에 따른 와인의 분류
- 도멘(Domaine) : 와인 양조 시 소유한 포도 농장에서 수확한 포도만을 사용하여 만든 와인
- 메종(Maison) : 다른 농장에서 수확한 포도나 포도즙을 구매하여 와인을 양조하는 경우

6) 거품 유무에 따른 와인의 분류
- 스틸 와인(Still wine) : 비발포성 와인이라고도 하며, 스파클링 와인을 제외하고 모두 스틸 와인이다.
- 스파클링 와인(Sparkling Wine) : 이산화탄소가 들어있는 와인을 말한다.

7) 샴페인의 만드는 방법에 따른 종류
샴페인은 만드는 방법에 따라 다음과 같이 나눈다.
- 논 빈티지(Non Vintage, NV) : 가장 저렴한 유형인데 대부분의 샴페인이 논 빈티지로 여러 해의 와인을 섞어서 만든다.
- 빈티지(Vintage) : 포도 작황이 아주 좋은 해에만 생산한다. 병 속에서 숙성시키는 기간은 통상 3년이다.
- 프레스티지 쿠베(Prestige Cuvee) : 빈티지이면서 장기간 숙성시킨 것으로 최상급 포도밭에서 생산된 포도로 만든 최고급 와인만을 블렌딩에 사용하며, 첫 번째로 짠 주스로만 만든다.
- 블랑 드 블랑(Blanc de Blancs) : 화이트 와인 포도 품종인 샤르도네만을 사용하여 만든다.
- 블랑 드 누아(Blanc de Noirs) : 레드 와인 포도 품종인 피노 누아, 피노 뫼니에로

만 만든다.

- 로제(Rosé) : 로제 샴페인은 베이스 와인을 핑크빛이 충분히 배어나올 때까지 피노 누아 껍질과 접촉한 상태로 두거나, 피노 누아 스틸 와인을 2차 발효 전에 샴페인 병에 소량 첨가하는 방식으로 만든다.

8) 샴페인의 만드는 방법에 따른 종류

- 엑스트라 브뤼(Extra Brut) : 당분 함유량 0~0.6%(ℓ당 0~6g 이하)
- 브뤼(Brut) : 당분 함유량 0~1.5%(ℓ당 15g 이하)
- 엑스트라 드라이(Extra Dry) : 당분 함유량 1.2~2%(ℓ당 12~20g 이하)
- 섹(Sec) : 당분 함유량 1.7~3.5%(ℓ당 17~35g 이하)
- 드미 섹(Demi Sec) : 당분 함유량 3.3~5%(ℓ당 33~50g 이하)
- 두(Doux) : 당분 함유량 5% 이상(ℓ당 50g 이상)

9) 발포성 와인의 종류

1) 프랑스

- 크레망(Crémant)
- 뱅 무쇠(Vin Mousseux)
- 페티앙(Pétillant)

2) 이탈리아

- 스푸만테(Spumante)
- 프리잔테(Frizzante)
- 아스티(Asti)
- 모스카토 다스티(Moscato d'Asti)
- 프란치아코르타(Franciacorta)
- 람부르스코(Lambrusco)
- 프로세코(Prosecco)
- 트렌토 DOC(Trento DOC)

3) 스페인
- 카바(Cava)
- 에스푸모소(Espumoso)

4) 독일
- 젝트(Sekt)
- 샤움바인(Schaumwein)
- 페를바인(Perlwein)

10) 주정강화 와인
- 페인의 세리 : 셰리는 세계에서 가장 유명한 주정 강화 와인 중 하나로 대부분 청포도 품종인 팔로미노(Palomino)로 만든다.
- 포르투갈의 포트 : 포르투갈의 포트는 달콤하고 스파이시한 맛을 내는 와인으로 가장 편하게 마실 수 있는 와인 중 하나이다.
- 포르투갈의 마데이라 : 마데이라는 대서양의 포루투갈령의 마데이라섬에서 생산되는 세계에서 가장 독한 주정강화 와인 중 하나를 말한다. :
- 이탈리아의 마르살라 : 마르살라는 이탈리아 서남단에 있는 지중해 최대의 섬인 시칠리아(Sicilia)에서 생산되는 강화 와인이다.

02. 와인의 색깔에 의한 분류

와인의 색깔에 따라 레드 와인(Red wine), 화이트 와인(White wine), 로제 와인(Rose wine)으로 나눌 수 있다.

  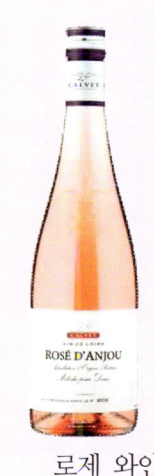

레드 와인   화이트 와인   로제 와인

1) 레드 와인

레드 와인(Red wine)은 적포도로 만들어 붉은색을 띠고 있는 와인을 말한다. 포도 껍질에 있는 붉은 색소를 추출하는 과정에서 씨와 껍질을 함께 넣어 그대로 발효한다. 껍질과 씨에 포함된 타닌(Tannin)이 레드 와인 특유의 떫은맛을 내고 껍질의 안토시아닌(Anthocyanin)으로 인해 적색을 나타내는 것이 특징이다. 양조용 포도를 분쇄하여 25~30℃에서 발효시키면 껍질에 포함된 천연 효모, 혹은 배양된 이스트의 작용으로 포도당이 에틸알코올로 분해되며, 압착 후 2차발효인 유산발효를 거쳐 사과산이 젖산으로 변해 산도가 감소되고 맛이 부드러워진다. 그 후 여과를 거쳐 오크통을 비롯한 용기에서 숙성하고 병입 후 코르크로 마감을 하여 일정기간 숙성을 거친 뒤 출시된다.

대표적인 레드 와인의 품종으로는 카베르네 소비뇽(Cabernet Sauvignon), 메를로(Merlot), 피노 누와(Pinot Noir), 시라(Syrah), 쉬라즈(Shiraz), 카베르네 프랑(Cabernet franc), 프티 베르도(Petit Verdot), 진판델(Zinfandel), 가메(Gamay), 말벡(Malbec), 네비올로

(Nebbiolo), 그르나슈(Grenache), 산지오베제(Sangiovese) 등이 있다.

레드 와인은 일반적으로 상온(섭씨 18~20℃)에서 가장 맛이 난다. 일반적으로 육류, 양념이 강한 요리와 잘 어울리나 각 와인의 특징에 따라 꼭 정해진 것은 아니며, 화이트 와인보다 묵직한 느낌을 주므로 나중에 마시는 것이 좋다.

레드 와인의 잔은 크고 오목해 와인이 혀의 안쪽 부분에 떨어져 떫고 텁텁한 맛을 잘 볼 수 있도록 하며 레드 와인 병은 숙성으로 인하여 생성되는 침전물이 아래쪽에 쌓이도록 병 하단부에 오목한 부분이 있다.

2) 화이트 와인

화이트 와인(White wine)은 잘 청포도를 원료로 하여 씨와 껍질을 제거한 과즙을 이용하거나 적포도의 즙만으로 제조한 황금색 포도주를 말한다. 포도를 으깬 뒤 바로 압착하여 나온 주스를 발효시켜 만든다. 화이트 와인은 맛이 순하고 상큼한 것이 특징이다.

화이트 와인의 색은 숙성될수록 진해지는데, 처음에는 은빛-녹빛(Yellow-Green)에서 점차 토파즈 빛으로 진행되며 오래되면 오렌지 빛이나 밤색이 도는 구리 빛이 된다. 화이트 와인의 색에서 얻을 수 있는 정보는 풍부하지 않지만 갈색은 좋지 않다는 신호로 오래 숙성될수록 색이 진해지는데 갈색으로 변할 단계가 되면 심하게 산화되거나 갈변하여 맛이 없어진다. 화이트 와인의 일반적인 알코올 농도는 10~13%로 레드 와인에 비해 약간 낮으며, 10℃ 정도로 차게 해서 마셔야 가장 맛이 난다.

대표적인 화이트 와인의 품종으로는 샤르도네(Chardonnay), 쇼비뇽 블랑(Sauvignon Blanc), 리슬링(Riesling), 세미용(Semillon), 피노 그리지오(Pinot Grigio), 게부르츠트라미너(Gewurztraminer), 슈냉 블랑(Chenin Blanc), 무스카트(Muscat), 무스카데(Muscadet), 피노블랑(Pinot Blanc), 뮐러 트루가우(Muller-thurgau) 등이 있다.

화이트 와인은 생선요리나 채소류, 향이 강하지 않은 담백한 요리, 향이 부드러운 치즈와 잘 어울리며 색이 희고 맛과 향이 강하지 않기 때문에 생선요리를 할 때 잡 내를 없애기 위해 화이트 와인을 주로 이용한다. 화이트 와인의 잔은 레드 와인에 비해 덜 오목한데, 화이트 와인의 맛을 잘 볼 수 있도록 와인이 혀 앞부분에 떨어지도록 하기 위함이다.

3) 로제 와인

　로제 와인(Rose wine)은 핑크색을 띠고 있으며, 양식 코스 중 어느 코스에도 잘 어울리는 식탁용 와인이다. 제조과정은 레드 와인과 비슷하다. 레드 와인과 같이 포도 껍질을 같이 넣고 발효시키다가 어느 정도 색이 우러나오면 압착하여 껍질을 제거한 후 과즙만을 가지고 와인을 만든다. 색깔은 포도주를 담글 때 검은 포도를 사용하여 껍질 채 담갔다가 발효 도중에 껍질을 제거하면 껍질의 색이 완전히 우러나지 않은 핑크색이 되는데 여기서 색깔이 생겨난 것이다.

　로제 와인은 보존기간이 짧기 때문에 오래 숙성하지 않고 바로 마시는 것이 좋다. 로제와인의 맛은 껍질을 제거하고 과즙만으로 만들기 때문에 화이트 와인에 가깝다.

　유명한 로제 와인으로는 프랑스의 로제 당쥬(Rose d'Anjou), 타벨 로제(Tavel Rose), 포르투갈의 마테우스 로제(Mateus Rose) 등이 있다.

03. 용도에 의한 와인의 분류

와인은 용도에 따라 애피타이저 와인(Appetizer Wine), 테이블 와인(Table wine), 디저트 와인(Dessert Wine)으로 구분할 수 있다.

1) 애피타이저 와인

애피타이저 와인(Appetizer Wine)은 본격적인 식사를 시작하기 전에 식욕을 돋우기 위해서 마시는 와인을 말한다. 아페리티프 와인(Aperitif Wine), 식전주라고도 한다. 애피타이저 와인은 한 두잔 정도 가볍게 마실 수 있는 주로 산뜻한 맛이 나는 와인이다.

주로 산뜻한 맛이 나고 앞으로 나올 요리의 맛에 방해가 되지 않기 위해 달지 않은 와인을 마시는데, 드라인(Dry)한 맛의 샴페인(샹파뉴:Champagne), 스파클링 와인(Sparkling Wine), 로제 와인(Rose Wine), 드라이한 셰리 와인(Sherry Wine), 베르뭇(Vermouth) 등의 가향 와인 등이 이용된다. 약간의 탄산은 소화를 촉진시키는 역할을 하므로 샴페인을 베이스로 한 칵테일도 애피타이저 와인(Appetizer Wine)으로 자주 이용된다.

2) 테이블 와인

보통 와인이라고 하면 테이블 와인(Table wine)을 가리키는 것으로 식중 와인이라고도 한다. 테이블 와인은 식욕을 증진시키고 분위기를 좋게 하는 역할 외에도 음식의 맛을 잘 볼 수 있게 입안을 헹궈주는 역할을 하여 다음에 나오는 음식들의 맛을 잘 볼 수 있게 해준다.

모든 음식, 상황에 모두 통용되는 것은 아니지만 대체로 대부분의 전채요리에는 화이트 와인과 잘 어울리며, 비교적 맛이 강한 편인 홍합, 조개, 가리비, 왕새우, 바닷가재 등의 요리는 프랑스의 부르고뉴의 샤블리, 호주의 샤르도네, 소비뇽 블랑과 매치하는 것이 일반적이다.

소고기 요리에는 부르고뉴 레드 와인(Duchesse de Bourgogen), 캘리포니아의 메를로(Merlot), 호주의 카베르네 소비뇽(Cabernet Sauvignon) 등이 잘 어울리며, 맛이 강하고 후추나 향신료 등이 많이 들어간 육류 요리에는 보르도 레드 와인과 시라와인, 이탈리아의 바롤로 등이 잘 어울린다.

3) 디저트 와인

디저트 와인(Dessert Wine)은 식사 후에 입안을 개운하게 정리하려고 마시는 와인을 말한다. 그리고 포만감을 없애주고 소화를 촉진시켜 주기도 한다. 주로 포도 열매의 새콤달콤한 맛과 여러 가지 과일향이 나고 시원한 느낌이 나는 스위트 와인(Sweet Wine)을 마시며 알코올 도수가 약간 높은 것이 특징이다. 디저트 와인은 약간 달콤하고 알코올 도수가 약간 높아 한잔 마심으로써 입안을 개운하게 마무리 짓는다.

일반적으로 디저트 와인은 포트 와인(Poro Wine; 포르투갈에서 와인에 와인을 증류한 주정을 첨가해 도수를 강화하여 출시되는 와인)이나 셰리와인(Sherry Wine; 스페인 안달루시아 헤레스데라프론테라 근처의 지역에서 자란 백포도로 만든 강화 포도주), 마데이라(Madeiral 포르투갈 마데이라 제도 에서 만든 강화 와인), 쏘떼른느(Sauternes; 프랑스의 보르도 그레이브 지역에서 생산되는 위트 와인) 같은 단 와인(Sweet Wine)을 말한다.

애피타이저 와인

테이블 와인

디저트 와인

04. 당도에 따른 와인의 분류

와인의 단맛을 기준으로 분류하는 것은 ℓ당 남은 포도당이 10g 미만인 와인을 의미하며, 와인의 당도는 포도 품종, 수확 시기, 날씨, 숙성 정도에 영향을 받는다. 포도 품종은 와인의 단맛에 가장 큰 영향을 주고, 그 밖에 수확 시기, 포도 경작에 필요한 날씨(햇볕, 온도, 수분), 숙성 정도 등에 영향을 받는다. 그래서 비가 많이 오거나 온도가 저온인 경우에는 평소보다 당도가 떨어지게 된다.

프랑스 와인의 경우는 와인의 당도를 6단계로 구분하고 있는데, 당도 순으로 Brut(브뤼) 〈 Sec(세크) 〈 Demi-Sec(데미 세크) 〈 Doux(두스) 〈 Moelleux(므왈레) 〈 Liquoureux(리쾨르) 순으로 나눈다.

이탈리아 와인의 경우는 와인의 당도를 네 단계로 구분 짓고 있으며, 가장 드라이한 맛을 Secco(세코)라고 하고, 그보다 조금 덜 드라이한 와인을 Abbocato(아보카토), 여기서 조금 더 스위트해지면 Amabile(아마빌레), 그리고 가장 달콤한 맛을 Dolce(돌체)라고 한다.

독일의 경우 5단계 표현법이 있으며, 가장 달지 않은 와인을 Trocken(트로켄), 다음으로 Halbtrocken(할프트로켄) 〈 Mild(밀트) 〈 Lieblich(리블리히) 〈 Suss(쉬스) 순으로 나눈다. 일반적으로 와인의 단맛을 기준으로 다음과 같이 분류한다.

가. 드라이 와인(Dry wine)

드라이 와인(Dry Wine)은 당도가 가장 적은 와인을 말하며, 단맛이 거의 남지 않은 와인으로 잔여 당 함량이 1% 미만인 와인을 말한다. 드라이 와인을 만드는 방법은 포도를 으깨어 적정한 온도에 두면 포도 껍질의 천연 이스트에 의해 포도당이 알코올과 이산화탄소, 열로 변하게 되고 당분이 서서히 감소하게 된다. 이러한 과정을 발효 과정을 거리면 여기서 알코올로 변하지 못한 잔여 당(RS: Residual Sugar)이 발생하게 되는 것이다.

대부분의 레드 와인이 드라이 와인(Dry Wine)에 속하며, 일반적으로 고급 레드 와인 일수록 드라이한 것으로 알려져 있고 화이트 와인의 일부도 여기에 속한다. 법적으로 고급 와인일수록 가당을 할 수 없게 금지되어 있으며, 일반적으로 레드 와인의 빛이 적색에 가깝고 짙을수록, 화이트 와인의 경우 빛이 엷을수록 드라이한 경향이 있다.

드라이 와인은 프랑스 와인의 Sec(세크) 범주에 속한다고 볼 수 있으며, 이를 이탈리아어로 Secco(세코), 독어로는 Trockea(트로켄)이라고 표현한다. 잔여당 5g 미만의 아주 드라이한 와인을 영어 표현으로는 Bone Dry(본 드라이)라고 하고, 불어로 Brut(브뤼)라고 한다. 이러한 잔여 당분에 따른 드라이한 정도는 와인의 라벨(Label)에 대부분 표시되어 있으므로 와인 선택의 기본 자료가 된다.

포도 품종 중에서 본 드라이(Bone Dry)하다고 볼 수 있는 것이 화이트 와인 품종인 소비뇽 블랑(Sauvignon Blanc), 피노 그리(Pinot Gris)이고, 카베르네 소비뇽(Cabernet Sauvignon) 등이 있다.

드라이 수준은 세미용(Semillion), 피노 누아(Pinot Noir) 등이 있다. 미디엄 드라이는 와인의 종류를 여러 병 마실 때는 스위트 와인을 마신 뒤에는 드라이 와인이 오히려 쓰게 느껴진다. 따라서 먼저 스위트한 맛의 와인보다는 드라이한 맛의 와인을 먼저 마시는 것이 일반적이다.

나. 미디엄 드라이 와인

미디엄 드라이 와인(Medium Dry Wine)은 드라이 와인(Dry Wine)과 스위트 와인(Sweet Wine)의 중간 정도의 와인을 말하며, ℓ당 잔류하는 포도당이 10~18g 정도의 와인을 말한다. 미디엄 드라이 와인은 드라이하지만 약간은 스위트한 느낌으로 잔당 함량이 1~2% 미만이며 세미 스위트 와인(Semi Sweet Wine)이라고 부르기도 한다.

미디엄 드라이 와인은 프랑스 와인의 Demi-Sec(데미 세크) 범주에, 이탈리아의 Abbocato (아보카토), 독일어 표현으로 Halbtrocken(할프트로켄)이라고 표현할 수 있다.

포도 품종 중에서 미디엄 드라이 와인의 범주에 드는 것이 화이트 와인 품종으로는 리슬링 (Riesling)이 있고, 레드 와인 품종으로는 메를로(Merlot), 샤르도네(Chardonnay), 쉬라즈 (Shiraz), 진판델(Zinfandel) 등이 있다. 독일 포도 품종인 게뷔르츠트라미너(Gewurztraminer) 의 경우 스위트한 경우가 많지만 미디엄 드라이 와인도 있다.

미디엄 드라이 와인은 약간의 단맛이 있기 때문에 와인 초보자도 쉽게 마실 수 있는 것이 장점이며, 일반적으로 식사와 함께 마신다.

다. 스위트 와인

스위트 와인(Sweet Wine)은 1ℓ당 포도당의 함량이 18g 이상의 와인을 말한다. 스위트 와인은 당 함량이 2% 이상이며 마셨을 때 달다고 느껴지는 와인으로 와인 자체의 단맛이 음식의 맛을 저하하기 때문에 식후 디저트 와인으로 주로 이용된다.

스위트 와인(Sweet Wine)은 발효과정에서 당분을 완전히 발효시키지 않아 포도당의 단맛이 비교적 많이 남아 있는 와인으로 보통의 경우 수확을 늦게 하여, 포도의 수분이 줄고 당의 함량이 높아졌을 때 포도를 수확해 와인을 제조하는 방법을 사용하며, 양조 과정에서 가당하는 경우도 있다.

일반적으로 색이 옅은 레드 와인과 로제와인, 색이 황금빛인 화이트 와인의 경우 스위트한 경향이 있다, 포도 품종 중에서 스위트하다고 볼 수 있는 것이 가메이(Garmay)품종이고, 더욱 스위트 한 것이 화이트 와인 품종인 아스티(Asti)지방의 모스카토(Moscato), 소테른(Sauternes) 지방의 세미용(Semillon)이다.

드라이 와인   미디엄 드라이 와인   스위트 와인

5. 등급에 따른 와인의 종류

프랑스 와인이 세계적으로 유명한 이유는 일찍부터 품질관리체제를 확립하여 와인을 생산했기 때문이다. 프랑스의 와인 제조는 지방행정부의 법률에 의해서 규제를 받는 데, 이것이 유명한 AOC(Appellation d'Orgine Controlee)제도이다.

AOC제도는 1900년 초부터 시작하여 1935년에 확립되어 현재 프랑스 고급 와인은 거의 이의 규제를 받고 있다. 이 제도를 통하여 와인의 원료인 포도의 재배 장소의 위치와 명칭, 품종, 재배 방법, 단위면적 당 수확량, 제조 방법, 알코올 농도 등을 지방별로 관리하게 된다. 소비자들은 엄격히 적용되는 이 제도로 통하여 와인을 안심하고 구입할 수 있다는 장점이 있다. 프랑스 와인의 등급은 다음과 같다.

1) 아뺄라시옹 도리진 콩트롤레(AOC; Appellation d'Origine Controlee)

AOC 제도에 있어 프랑스 와인의 최상급을 가르키며, 프랑스 전체 와인 생산량의 35%를 차지한다. 원산지 통제 규정과 기준에 따라 포도의 품종, 단위당 생산량, 알코올 최저 도수 등에 관하여 설정된 기준에 적합 여부를 확인하고, 지역의 호칭을 붙일 수 있도록 허용하고 있다.

표기할 때는 포도 재배 지역의 명칭을 가운에 삽입한다. 예를 들어 메독 지역이라면, 아뺄라시옹 메독 콩트롤레(Appellation Medoc Controlle)라고 표기하게 된다. 물론 이때의 지역 이름이 더 세분화된 지역일수록, 원료 생산지의 범위가 좁아지므로 더욱 특색 있는 고급 와인으로 인정된다.

이 등급을 라벨에 표시할 때는, 1등급인 프레미어 크루(Premiers Crus)는 '프레미어 그랑 크뤼(Premiers Grand Crus)'로 표기하고, 2-5등급에 해당하는 와인은 '그랑 크뤼(Grand Crus)' 또는 '그랑 크뤼 클라세(Grand Cru Classe)'로 표기한다. 물론, 5등급에 해당하는 와인도 역시 AOC급의 훌륭한 와인이다.

2) 뱅 델리미테 드 쿠알리트 쉬페리에(VDQS; Vins Delimites de Qualite Superieure)

우수한 품질의 와인이라는 뜻으로 아뺄라시옹 와인보다는 한 등급 낮게 매겨지는 와인으로 프랑스 전체 와인 생산량의 2%를 차지한다. VDQS는 제2차 세계대전 중 포도주의 수요에 공급이 제대로 따르지 못한 사정을 감안하여 1949년 12월에 만들어졌다.

VDQS는 AOC보다 까다롭지는 않지만, 등급을 지정받기 위해 생산지역, 포도 품종, 알코올 함유량, 제조 방법 등의 기준을 통과해야 한다.

3) 뱅드 뻬(Vins de Pays)

지역 와인이라는 뜻으로 엄격한 제도적 규제 없이 포도 생산지역과 포도 품종 정도만 제한 받는 등급으로 프랑스 각 지역에서 생산되는 와인이다. 프랑스 전체 와인 생산량의 15%를 차지한다.

4) 뱅드 따블(Vins de Table)

테이블 와인이라고도 하며, 프랑스 와인의 40% 이상이 해당된다. 뱅드 따블은 포도 품종의 원산지나 단위당 생산량 그리고 제조 방법이나 규정 없이 자유롭게 제조되는 와인을 말한다. 소비자의 취향에 맞게 여러 종류의 와인을 혼합하여 만들기도 한다.

06. 생산 방식에 따른 와인의 분류

현재 생산된 와인은 도멘(Domaine)과 메종(Maison)이 2가지 생산 방식 중에서 한가지 방식으로 생산하고 있다. 와인 레이블을 보고 도멘인지 메종인지 알 수 있는데 보통 도멘이라고 나타내거나, 도멘에서 병입 했다는 표시가 있다.

1) 도멘(Domaine)

도멘(Domaine)은 와인 양조 시 소유한 포도 농장에서 수확한 포도만을 사용하여 만든 와인을 말한다. 즉 자신이 경작하는 농장에서 수확한 포도로 만들면 도멘(Domaine)이라고 한다. 그러나 도멘과 메종 와인을 모두 생산하는 와이너리도 꽤 있다.

일반적으로 도멘 와인이 메종 와인보다 비싼데 이유는 자신의 농장에서 포도를 수확한다는 것은 밭을 수시로 관리 감독하기에 용이하고, 원재료를 위해 최선을 다하고 있기 때문이다.

2) 메종(Maison)

메종(Maison)은 다른 농장에서 수확한 포도나 포도즙을 구매하여 와인을 양조하는 경우를 말한다. 즉 남의 밭에서 수확한 포도를 사서 만들면 메종(Maison)이라고 한다. 물론 메종이 남의 농장에서 나온 생산물로 만든다고 해서 도멘보다 못하다는 이유는 없다. 메종도 마찬가지로 자신의 이름을 건 와인이기에 포도나 포도즙 선별을 위한 엄격한 기준을 적용하여 생산하기 때문에 마찬가지 일 수 있다. 또한 메종도 특정 생산자의 포도만을 매입하기도 하고, 생산자들과 계약을 맺어 일정한 품질 유지에 힘쓰기도 한다.

07. 거품 유무에 따른 와인의 분류

가. 스틸 와인

스틸 와인(Still wine)은 비발포성 와인이라고도 하며, 스파클링 와인을 제외하고 모두 스틸 와인이다.

나. 스파클링 와인

스파클링 와인(Sparkling Wine)은 이산화탄소가 들어있는 와인을 말한다. 병이나 발효조 속에 당과 이스트를 첨가하면 이산화탄소가 발생되는 데, 1차 발효 후의 와인에 당분과 효모를 첨가하여 병 안에서 2차 발효를 통해 탄산가스를 용해시킨 와인으로 샴페인(Champagne)이 대표적이다.

스파클링 와인(Sparkling Wine)은 병 안에 기포와 거품을 가지고 있는 와인으로 1차 발효가 끝난 와인을 병입(Bottling)한 후 당분과 효모를 첨가한 와인이다. 병 안에서 2차 발효를 일으키면 자연적으로 탄산가스가 발생하여 와인 속에 용해되고 병 안에 머물게 된다. 이러한 탄산가스는 와인병 속에 가라앉아 있다가 마개를 땀과 동시에 분출되어 행사나 파티의 분위기를 높여주는 역할을 한다. 알코올 도수는 9~14%이고 소화를 돕고 식욕을 촉진 시키기도 한다.

스파클링 와인에서 가장 대표적이며 인기 있는 와인이 샴페인(Champagne)인데, 모든 스파클링 와인을 샴페인이라고 하는 것은 아니며 프랑스의 샹파뉴(Champagne)지역에서 생산된 것만을 샴페인이라고 부를 수 있다. 샹파뉴 지방은 연간 평균기온이 매우 낮아 포도를 재배하기에는 좋지 않은 기후조건이라 신맛이 강하고 세심하고 예리한 맛의 와인이 제조된다.

프랑스의 다른 지역에서 제조된 스파클링 와인을 크레망(Crémant), 뱅 무쇠(Vin Mousseux), 스푸만테(Spumante), 카바(Cava), 젝트(Sekt), 캡 클라시크(Cap Classique), 스파클링 와인(Sparkling Wine) 등으로 부른다.

08. 만드는 방법에 따른 샴페인 종류

샴페인은 만드는 방법에 따라 다음과 같이 나눈다.

1) 논 빈티지(Non Vintage, NV)

가장 저렴한 유형인데 대부분의 샴페인이 논 빈티지로 여러 해의 와인을 섞어서 만든다. 병 속에서 숙성시키는 기간은 대개 15개월이고, 전체 샴페인 생산량의 약 85%를 차지한다.

2) 빈티지(Vintage)

포도 작황이 아주 좋은 해에만 생산한다. 병 속에서 숙성시키는 기간은 통상 3년이다.

3) 프레스티지 쿠베(Prestige Cuvee)

빈티지이면서 장기간 숙성시킨 것으로 최상급 포도밭에서 생산된 포도로 만든 최고급 와인만을 블렌딩에 사용하며, 첫 번째로 짠 주스로만 만든다. 병 속에서 숙성시키는 기간에 대해서는 특별한 규정은 없지만 통상 4년~7년 정도이다.

4) 블랑 드 블랑(Blanc de Blancs)

화이트 와인 포도 품종인 샤르도네만을 사용하여 만든다. 1921년에 샴페인 하우스 살롱(Salon)의 창립자인 유젠느 아이메 살롱(Eugene-Aime Salon)이 섬세하고 가벼우며 우아한 샴페인을 만들겠다는 목적으로 개발한 샴페인 유형이다.

5) 블랑 드 누아(Blanc de Noirs)

레드 와인 포도 품종인 피노 누아, 피노 뫼니에로만 만든다. 약간 분홍빛이 감도는 황금색 샴페인인데 프랑스에서는 대단히 드문 유형이다.

6) 로제(Rosé)

　　로제 샴페인은 베이스 와인을 핑크빛이 충분히 배어나올 때까지 피노 누아 껍질과 접촉한 상태로 두거나, 피노 누아 스틸 와인을 2차 발효 전에 샴페인 병에 소량 첨가하는 방식으로 만든다. 로제 샴페인은 만들기 어려워 가격이 비싸다.

09. 당분 함량에 따른 샴페인의 분류

샴페인은 당분 함유량에 따라 다음과 같이 분류한다.

1) 엑스트라 브뤼(Extra Brut): 당분 함유량 0~0.6%(ℓ당 0~6g 이하)
2) 브뤼(Brut): 당분 함유량 0~1.5%(ℓ당 15g 이하)
3) 엑스트라 드라이(Extra Dry): 당분 함유량 1.2~2%(ℓ당 12~20g 이하)
4) 섹(Sec): 당분 함유량 1.7~3.5%(ℓ당 17~35g 이하)
5) 드미 섹(Demi Sec): 당분 함유량 3.3~5%(ℓ당 33~50g 이하)
6) 두(Doux): 당분 함유량 5% 이상(ℓ당 50g 이상)

10. 발포성 와인의 종류

가. 프랑스

1) 크레망(Crémant)

부르고뉴와 알자스 지방에서 샴페인 방식으로 만들어지는 발포성 와인인데, 과거에 는 샴페인보다 낮은 압력의 발포성 와인을 지칭하는 명칭이었다.

2) 뱅 무쇠(Vin Mousseux)

프랑스에서 만들어진 발포성 와인 중 샴페인이나 크레망이 아닌 것을 지칭하며, 기포라는 뜻이다.

3) 페티앙(Pétillant)

프랑스의 약 발포성 와인으로 병 속의 탄산가스 압력이 2.5기압 이하를 말한다.

나. 이탈리아

1) 스푸만테(Spumante)

이탈리아의 발포성 와인을 총칭하며 대부분 샤르마 방식으로 제조된다. 롬바르디아(Lombardia)와 트렌티노(Trentino)에서는 샴페인 방식을 사용한 고급 발포성 와인을 생산한다.

2) 프리잔테(Frizzante)

이탈리아의 약발포성 와인으로 병 속의 탄산가스 압력이 2.5기압 이하를 말한다.

3) 아스티(Asti)

피에몬테 아스티 지역에서 샤르마 방식으로 생산되는 발포성 와인으로 흔히 아스티 스푸만테(Asti Spumante)라고 불린다. 알코올 함량은 7~9%이다. 일반적으로 빈티지를 표시하지 않는다.

4) 모스카토 다스티(Moscato d'Asti)

피에몬테 아스티 지역에서 모스카토 품종을 써서 샤르마 방식으로 만드는 약발포성 와인이다. 특히 알코올 함량이 낮아 법적으로 5.5%까지만 허용된다. 아스티에 비해 압력이 높지 않기 때문에 샴페인 코르크와 철사 대신 일반 코르크 마개로 입구를 봉한다. 일반적으로 빈티지를 표시한다. 피에몬테에서는 전통적으로 크리스마스에 마신다.

5) 프란치아코르타(Franciacorta)

롬바르디아 지역에서 전통 방식(샴페인 방식)을 이용하여 만드는 발포성 와인이다. 주로 샤르도네와 피노 누아로 만들며, 논 빈티지는 최소 18개월 이상, 빈티지는 최소 30개월 이상 병 속에서 숙성시켜야 한다.

6) 람부르스코(Lambrusco)

에밀리아 로마냐 지역의 발포성 와인으로 약 발포성 와인도 있다. 람브루스코 품종으로 만들며 드라이하거나 약간 스위트한 스파클링 와인이다.

7) 프로세코(Prosecco)

베네토 지역에서 샤르마 방식으로 만드는 발포성 와인인데 약 발포성 와인도 있다. 전통적으로 다소 부드럽고 약간 스위트한 스파클링 와인이다. 주로 프로세코 품종으로 만들며, 간혹 피노 비앙코(Pinot Bianco)와 피노 그리지오(Pinot Grigio)를 소량 첨가한다. 칵테일 벨리니(Bellini)를 만드는 스파클링 와인이다.

8) 트렌토 DOC(Trento DOC)

트렌티노 지역에서 전통 방식으로 만드는 발포성 와인이다.

다. 스페인

1) 카바(Cava)

스페인 카탈루냐 지방에서 샴페인 방식으로 만드는 스파클링 와인이다. 카바는 청포도 품종으로만 만드는데, 파레야다(Parellada), 사렐로(Xarel-lo), 마카베오(Macabeo) 세 가지 토착 품종을 블렌딩한다. 여기에 추가로 샤르도네를 사용하여 섬세한 우아함을 더한다. 파레야다는 세 품종 가운데 가장 섬세하고 우아하며 지대가 더 높고 기후가 더 서늘한 포도밭에서 생산된다. 사렐로는 풍부하고 부드러운 바디감과 좋은 산도를 형성하는 역할을 하고, 마카베오는 과일 맛이 많고 향기로우며 역시 산도가 좋다. 카바는 대부분 효모와 접촉한 상태로 9개월간 숙성시킨다.

2) 에스푸모소(Espumoso)
카바 이외의 발포성 와인을 말한다.

라. 독일
1) 젝트(Sekt)
독일의 고급 발포성 와인으로 3.5기압 이상이며 샤르마 혹은 샴페인 방식에 의해 양조한다.

2) 샤움바인(Schaumwein)
독일산 발포성 와인을 총칭한다.

3) 페를바인(Perlwein)
독일의 약발포성 와인으로 병 속의 탄산가스 압력이 2.5기압 이하를 말한다.

마. 남아프리카공화국
남아프리카공화국의 모든 발포성 와인을 캡 클라시크(Cap Classique)라고 부른다.

11. 주정강화 와인의 종류

주정강화 와인은 일반 와인에 알코올을 강화시켜, 좀더 드라이하게 하여 보관성을 높인 와인을 말한다. 스페인의 세리, 포르투갈의 포트, 포르투갈의 마데이라, 이탈리아의 마르살라가 대표적인 주정강화 와인이다.

가. 스페인의 세리

셰리는 세계에서 가장 유명한 주정 강화 와인 중 하나로 대부분 청포도 품종인 팔로미노(Palomino)로 만든다. 스페인의 세리는 수출용 세리 내수용 세리가 있다. 수출용 세리는 좀더 진하고 짜릿한 달콤함을 지닌 주정강화 와인이다. 세리는 스페인의 바라메다 싼뤼카, 산타마리아 푸에르토, 라 프론테라 예레즈마을로 연결되는 작은 삼각지에서 생산된다. 이 지역은 매우 덥고 건조한 기후로 백악질 토양으로 유난히 드라이하고 풍부한 향미를 가진 와인을 생산하기에 적합한 곳이다.

셰리는 솔레라(Solera) 시스템이라는 독특한 방식으로 제조되는데, 숙성 창고에 오크통을 피라미드 모양으로 매년 차례로 쌓아두어 맨 밑에서 와인을 따라내면 위에 있는 와인이 차례로 흘러 들어가도록 만들어 숙성된 와인과 신선한 와인이 섞이도록 해 놓은 반자동 블렌딩 방식이다. 아래층이 오래된 와인, 위층에는 최근 와인이 들어가는데, 맨 밑에 놓인 통, 즉 가장 오래된 것을 솔레라(Solera)라고 하며, 각 단을 크리아데라(Criadera)라고 한다.

세리에는 두 가지 스타일이 있는데 피노와 올로로소가 있다.

1) 피노(Fino)

피노는 발효를 마친 알코올 함량 11~13%의 화이트 와인에 브랜디를 첨가한 것으로 알코올 함량이 15.5% 정도인 드라이한 형태의 주정강화 와인이다. 그리고 오크통에 담긴 채 솔레라 시스템으로 옮긴 후에 주정 강화함으로써 플로라는 효모 층 밑에서 숙성되어 더욱 숙성되어 옅은 색상과 드라이하고 톡 쏘는 짜릿한 향미를 더한다.

2) 올로로소(Oloroso)

올로로소는 4~5년의 숙성과정을 거쳐 18도 정도로 강화된 와인이다. 올로로소는 플로르가 형성되지 않기 때문에 산소에 많이 노출되어 와인의 빛깔이 피노에 비해 짙고 어두운 색상을 띤다. 세리는 항상 신선함을 유지하면서, 깊고 복잡한 향미를 얻게 된다.

나. 포르투갈의 포트

포르투갈의 포트는 달콤하고 스파이시한 맛을 내는 와인으로 가장 편하게 마실 수 있는 와인 중 하나이다. 잠자기 전에 마셔도 좋고, 책을 보면서 조금씩 마시기에도 좋다.

포트와인은 원래 18세기 포르투갈에서 영국까지 긴 여행 중에도 안전하게 마실 수 있도록 만들어졌다. 포트를 만드는 포도 농장은 가파른 도우로강 계곡 지역에서 여전히 기계화를 거부하고 오직 손으로 수확하여 포도를 발로 으깨어 양조하는 전통을 가지고 있다.

포트는 포르투갈 토종의 다양한 품종으로 만들어진다. 주로 포트 와인에 사용하는 주요 포도 품종은 토우리가 나시오날(Touriga Nacional), 토우리가 프란세자(Touriga Francesa), 틴투 카웅(Tinto Cao), 틴타 호리스(Tinta Roriz), 틴타 바호카(Tinta Barroca) 등이다. 포트는 대부분 레드 와인으로 제조하는데, 일부는 화이트 와인으로 만들기도 한다.

포트를 만드는 기본적인 양조 방법은 부분적으로 발효된 와인에 섞는 방식이다. 이렇게 하면 효모의 발효가 중단되어 과즙 본래의 높은 당도를 유지하면서 알코올 도수를 높일 수 있다. 그다음에 오크통에 수년 동안 숙성하게 되는데, 단일 빈티지로 병에 담거나, 오래되거나 최근 빈티지 와인과 혼합한다.

최상품 포트와인은 일찍 병입한 후 병 안에서 숙성시키는 데 오크통에서 숙성시킬 때 보다 천천히 점진적으로 숙성된다. 진홍색의 루비 빛 포트와 황갈색 포트의 차이는 루비 빛 포트가 최근 빈티지 와인으로 따뜻한 겨울에 마시기 좋은 활력있는 와인인데 반해 황갈색 포트는 오래 숙성된 와인으로 좀 더 드라이하고, 고소한 견과류 향미가 도는 세리타입이다.

포트는 제조 방법에 따라서 다음과 같이 나눈다.

1) 루비 포트(Ruby Port)

루비 포트(Ruby Port)는 레드 포트 중에서 가장 단순한 스타일의 와인이며 가격도 저렴하다. 2~3년 정도 오크통이나 탱크에서 숙성시킨 포트로서 병 숙성은 거의 하지 않으며, 색이 진하고 맛이 신선하다.

2) 토니 포트(Tawny Port)

토니 포트(Tawny Port)는 오크통에서 황갈색이 날 때까지 몇 년 동안 숙성시킨 것으로 다른 포트보다 더 가볍고 부드럽다.

3) 화이트 포트(White Port)

화이트 포트(White Port)는 청포도로 만들어지며 드라이한 맛과 스위트한 맛 2가지가 있다.

4) 에이지드 토니 포트(Aged Tawny Port)

에이지드 토니 포트(Aged Tawny Port)는 견과류나 바닐라의 풍미와 부드럽고 섬세한 맛을 지닌 와인으로 보통 레이블에 10년, 20년, 30년, 40년으로 숙성 기간을 표시한다.

5) 빈티지 포트(Vintage Port)

빈티지 포트(Vintage Port)는 포트 와인 중에서 가장 인기가 높고 가장 비싸며 전체 포트 생산량의 2~3%에 불과하다. 블렌딩에 사용되는 포도는 해당 빈티지의 것이어야 하며, 도우루에서 가장 좋은 지역에 있는 일류 포도원에서 재배된다. 빈티지 포트는 먼저 오크통에서 2년간 숙성된 후 병에서 오랫동안 숙성되며 정제 및 여과 과정을 거치지 않기 때문에 반드시 디캔팅이 필요하다.

6) 레이트 보틀드 빈티지 포트(Late Bottled Vintage Port, LBV)

레이트 보틀드 빈티지 포트(Late Bottled Vintage Port, LBV)는 오크통에서 4~6년 가량 숙성한 뒤 병입한 제품으로 오크통 숙성은 빈티지 포트보다 길지만 사용되는 포도의 품질은 떨어지기 때문에 빈티지 포트에 비해서 숙성 잠재력은 떨어진다. 빈티지 포트와 달리 보통 병입 전에 여과 과정을 거치면서 침전물을 걸러내기 때문에 디캔팅이 필수는 아니다. 품질도 좋으면서 가격은 빈티지 포트만큼 비싸지 않아 포트의 풍미를 즐기기에 좋다.

7) 크러스티드 포트(Crusted Port)

크러스티드 포트(Crusted Port)는 병 안에 크러스트(Crust), 즉 침전물이 쌓이기 때문에 붙은 이름으로 여러 해의 와인들을 블렌딩하여 만들기 때문에 빈티지는 표기되지 않지만, 여과 과정을 거치지 않고 병입되어 침전물이 많으므로 반드시 디캔팅이 필요하다.

다. 포르투갈의 마데이라

마데이라는 대서양의 포루투갈령의 마데이라섬에서 생산되는 세계에서 가장 독한 주정강화 와인 중 하나를 말한다. 마데이라는 모로코에서 약 640km 떨어진 곳에 위치한 대서양에 있는 화산섬으로 온도와 습도가 높은 아열대성 기후에 가깝다. 1419년 섬 동쪽의 마시쿠(Machico)에 상륙한 포르투갈 선원들이 울창한 숲에 불을 질렀는데, 그래서 이 섬의 이름이 마데이라(포르투갈어로 나무란 뜻)가 됐다고 한다.

마데이라는 원래 적도를 오랜 기간 항해하다가 와인이 뜨겁게 덥혀지면서 우연하게 만들어진 와인이지만, 요즘에는 커다란 대형 콘크리트 탱크나 에스파스라 불리는 가열실에서 가열시켜 만든다. 품질이 좋은 마데이라는 25℃ 정도의 온도를 유지한 채 오크통 숙성을 거친다.

일반적으로 마데이라는 산도가 매우 높으나 서시얼 품종의 포도로 만든 마데이라는 쌉쌀하고 드라이하지만, 가볍고 톡 쏘는 시큼함과 함께 옅은 꿀 향미를 갖고 있다. 시간이 지나면서 아몬드 향이 느껴지게 된다.

마데이라 와인을 만드는데 사용하는 품종은 세르시알(Sercial), 베르델료(Verdelho), 부알(Bual) 또는 보알(Boal), 맘지(Malmsey) 또는 말바시아(Malvasia), 틴타 네그라 몰레(Tinta Negra Mole), 테란테스(Terrantez) 등이다. 마데이라의 네 가지 전통 품종은 각각 특정한 당도를 상징하는데, 세르시은 가장 드라이하고, 베르델료는 약간 스위트하며, 부알 또는 보알은 상당히 스위트하고, 맘지 혹은 말바시아는 가장 스위트하다. 빈티지 마데이라는 반드시 세르시알이나 베르델료, 부알, 맘지 포도로 만들어진다. 세르시알 품종으로 만든 마데이라는 차갑게 해서 식사 전에 아페리티프로 마시기 에 좋다. 버델호 품종의 포도로 만든 마데이라는 풍부한 향미와 고소함을 갖추고 있으며, 미디엄 드라이하다.

마데이라는 가열공정이 끝난 후부터 숙성에 들어가 기본적인 타입의 마데이라의 숙성에는 3년, 리저브(Reserve)급은 5년, 특급은 10년, 오크통에 숙성하는 경우에는 20년, 병 숙성의 경우 22년이 걸린다. 그러나 보통 20~40년 동안 숙성시키기 때문에, 귀할 뿐만 아니라 가격 역시 높다. 그래서 최상의 마데이라는 수십 년을 넘어 수세대에 걸쳐 보관될 수 있는 유일한 와인이기도 하다.

마데이라는 숙성 연도에 따라 다음과 같이 분류한다.

1) 피네스트(Finest)
가열 과정이 끝난 후 오크통의 숙성을 3년 한 것

2) 리제르바(Reserva)
가열 과정이 끝난 후 오크통의 숙성을 5년 이상 한 것

3) 스페셜 리제르바(Special Reserva)
가열 과정이 끝난 후 오크통의 숙성을 10년 이상 한 것

4) 엑스트라 리제르바(Extra Reserva)
가열 과정이 끝난 후 오크통의 숙성을 15년 이상 한 것

5) 빈티지(Vintage)
최고의 품질을 가진 마데이라로서 그 해 생산된 단일 품종의 포도 85%를 사용하여 혼합하고 오크통에서 20년 이상 숙성한 다음 병입 후 다시 2년간 숙성시킨다.

라. 이탈리아의 마르살라

마르살라는 이탈리아 서남단에 있는 지중해 최대의 섬인 시칠리아(Sicilia)에서 생산되는 강화 와인이다. 마르살라는 아라비아어로 '신의 항구'라는 의미인데, 시칠리아 서쪽 끝에 있는 항구도시인 트라파니(Trapani) 지방의 비옥한 평원과 낮은 구릉지에서 자란 그릴로(Grillo)와 카타라토 비앙코(Catarratto Bianco) 품종을 기본으로 만든다.

1773년 영국인 존 우드하우스(John Woodhouse)가 개발했다. 그는 스페인의 셰리, 포르투갈의 포트와 마데이라와 같은 강화 와인이 영국 와인 시장에서 성공한 것을 보고, 셰리와 포트의 양조 방법을 참고하여 마르살라 와인에 브랜디를 첨가함으로써 스위트한 강화 와인인 마르살라를 만들었다.

마르살라는 황금색의 오로(Oro), 호박색의 암브라(Ambra), 루비색의 루비노(Rubino) 세 가지 색깔로 생산된다. 오로와 암브라는 화이트 와인 포도 품종으로 만들고, 루비노는 레드 와인 포도 품종으로 만든다.

마르살라는 당도에 따라 매우 드라이한 것, 약간 스위트한 것, 매우 스위트한 것 등 세 가지 유형으로 나온다.

유형별로 숙성 기간에 따라 등급이 매겨지는데, 피네(Fine) 마르살라는 1년 숙성시키며, 수페리오레(Superiore)는 최소 2년, 수페리오레 리세르바(Superiore Riserva)는 최소 4년, 베르지네(Vergine)는 최소 5년, 베르지네 스트라베키오(Vergine Stravecchio)는 최소 10년 동안 숙성시킨다.

마르살라는 유형에 따라 양조 방법이 다른데 고급 와인은 셰리에 사용되는 것과 같은 솔레라 시스템과 비슷한 방식으로 만든다.

제4장

WINE

포도의 품종

01. 포도 품종이란?

    포도는 향미가 좋고 과즙이 풍부하며, 건강에 좋아 오래전부터 널리 이용되는 과일이다. 포도는 성숙함에 따라 당분이 증가하고 산이 감소하며, 완숙하면 당분이 최대가 된다. 당분은 보통 14~15%이다. 향미 성분으로는 여러 가지 유기산이 있는데, 주석산과 사과산이 대부분을 차지한다.

    와인의 원료가 되는 포도는 어떤 품종의 포도를 사용했는가하는 것은 와인의 맛을 결정한다. 포도 품종을 크게 유럽종(Vinifera), 미국종(Labrusca), 잡종(Hybrid)으로 나눌 수 있다. 포도는 모두 와인으로 만드는 것이 아니라 양조용 포도와 생식용 포도와 차이가 있다. 양조용 포도는 대부분 유럽종인 비니페라(Vitis vinifera)종이다. 생식용 포도는 미국이 원산지인 라브루스카(Vitis labrusca)종으로, 한국을 포함한 극히 일부 국가에서 식용 포도로 와인을 생산한다. 이 중 유럽 종이 가장 널리 퍼져 있으며 와인 제조에는 가장 이상적인 종으로 인정받고 있다. 세계적으로 고급 와인은 대부분 유럽종으로 만들어진다.

    포도의 과육은 당분, 산, 포도즙 등 와인의 요소를 결정하는 주요성분이 포함되어 있으며, 특히 당분은 알코올로 변환되어 와인의 바디를 결정하는 중요한 요소 중 하나가 된다.

    포도 껍질은 미생물이나 곰팡이의 침투로부터 과육을 보호하고 포도가 수분을 잃는 것을 방지하는 역할을 하며, 껍질에는 와인의 색소와 타닌 그리고 맛을 내는 화합 물질인 페놀 물질이 함유되어 있다. 청포도는 와인의 노란색을 내는 카로테노이드 성분이 포함되어 있다. 적포도에는 붉은색과 파란색을 내는 안토시아닌이 포함되어 있다. 껍질에 있는 떫은맛, 쓸쓸한 맛을 내는 성분인 탄닌은 와인의 느낌과 무게감에 영향을 주며 레드 와인의 개성을 이루는 중요한 역할을 한다.

포도 씨를 둘러싼 막 속에 거친 탄닌 성분이 들어 있다. 포도 씨는 익을수록 녹색에서 갈색으로 변하고, 씨가 점점 어두운색을 띨수록 으깨기, 발효, 압착 과정에서 거친 탄닌이 덜 추출된다. 포도나무의 수령도 탄닌에 큰 영향을 미친다. 포도 표면에 보이는 하얀 가루는 당분이 껍질로 새어 나와 굳은 것으로 와인을 양조할 때 발효를 도와주는 역할을 한다.

와인을 만들기 위해서는 포도 재배지역이 온대지방에 위치해야 하며, 특히 여름철에 덥고 건조하며, 겨울철에는 춥지 않은 지중해성 기후가 좋다. 특히 적포도는 강렬한 햇볕이 내리쬐는 지중해 연안에서 풍부한 당과 진한 색깔을 낼 수 있으며 청포도는 약간은 서늘한 곳에서 재배하는 것이 좋다.

아무리 생산 연도가 오래되고, 숙성이 잘되고, 좋은 지역에서 좋은 포도로 만든 와인이라하더라도 그 해의 기후가 나쁘면 그 와인은 좋은 와인이 되기는 힘들다. 따라서 좋은 와인이 되기 위해서는 포도가 자라면서 알맞은 기온과 강우량, 일조 시간 등이 조화를 이루어야 한다. 기후의 변덕이 심한 지역일수록 그 해 포도작황이 어떠했는가를 잘 살펴봐야 한다. 이를 알려주는 표를 빈티지 차트라고 한다.

유럽(특히 프랑스)에서는 생산지를 대단히 중요하게 생각해서 아예 와인의 생산지를 와인의 등급을 나누는 기준으로 삼고 있다. 예를 들어서 와인에 대해서 조금이라도 아는 사람들은 프랑스의 메독 지역에서 생산되는 와인은 1등급 와인이라고 생각한다.

02. 포도 재배

포도 품종마다 다르지만, 일반적으로 온도, 일광 시간, 물, 바람, 기후와 토양 모든 요소에 따라 반응한다. 맛있는 와인을 만들기 위하여 포도를 재배하기 위해서는 다음과 같은 과정을 거치면서 포도나무를 관리해야 한다.

가. 휴면기

가지치기는 주로 1~2월에 하는데 이는 발아가 이른 품종은 일부러 가지치기 시기를 늦추는어 서리 피해를 최소화하기 위해서다. 그리고 포도나무의 가지치기는 포도나무의 균형을 유지시키며, 수명을 길게 하고, 포도의 질을 높이고, 수확량을 줄이고, 경작을 용이하게 해준다. 포도의 품종, 토양, 기후 등의 요소들을 고려하여 섬세하게 가지치기해야 한다. 가지치기로 잘라낸 잔가지들을 모아서 태워 땅에 묻는다.

가지치기가 끝나면 수액이 올라와 가지 친 끝으로 흘러와 맺히는데 이를 포도나무가 운다고 한다. 이를 보고 뿌리의 조직이 활동을 시작했음을 알 수 있다. 드디어 생장 주기가 시작된 것이다.

나. 양수기

포도나무 심기는 주로 3월에 시작한다. 새로 심는 포도나무는 심고 나서 약 5년이 지나야 상업용으로 쓸 수 있는 포도가 생산되기 시작한다. 이미 심어져 있는 나무는 연속되는 수확으로 인해 부족한 필수 성분들을 보충해 주어야 하며, 땅 속에 아직 남아 있는 성분들도 재구성되도록 해야 한다. 비료를 주는 것은 포도나무의 식물 성장 주기와 함께 열매가 맺히는 것을 돕고 병충해와 늦서리로부터 저항할 수 있도록 하기 위한 것이다.

가지를 치고 난 다음에는 새 순이 생성되기 시작하면 불필요한 부분을 제거해준다. 그리고 포도밭의 포도나무 사이마다 쟁기질을 해서 토양에 공기가 통하게 하고 잡초를 제거해 준다.

다. 발아기

봉오리가 점점 커지기 시작하여 기온이 10℃ 정도가 되고 알맞은 습도를 유지하던 벌어지게 된다. 봉오리를 감싸고 있던 보호 비늘이 벗겨지면서 솜털 같은 발아가 나타난다. 포도나무의 식물 생장 주기가 시작되는 것이다. 옅은 초록색 어린싹이 돋아난 후 토양이 덥혀지면 곧이어 나뭇잎이 돋아난다.

이때 오래된 나무에서 솟아나는 싹들을 잘라주면 포도나무가 깔끔해지고, 막 돋아나는 어린싹들에 더 많은 에너지를 집중시킬 수 있다.

마. 전엽기

　포도 재배자는 봄에 시작되어 여름에 끝나는 여러 가지 손질을 계속해야 한다. 포도나무가 곰팡이, 기타 바이러스나 박테리아로 인해 유발되는 병에 걸리지 않도록 농약을 치면서 돌보아야 한다.

바. 개화기

개화는 섭씨 15~20℃가 되면 시작되어 10여 일에 걸쳐 진행된 후 꽃으로 피어 난다. 개화가는 수확 시기를 결정짓는 조건이다. 어느 정도 번식력 있는 꽃들은 일반적으로 과실을 맺는다. 그러나 꽃가루가 묻지 않은 몇몇 꽃들은 떨어져 버리며 낙화 과정을 거친다. 이런 자연적인 과일 흉년은 온도가 조금 낮으면 나타나며 수확량에 차질을 줄 정도로 중요하다.

사. 결실기

결실기에는 포도나무가 계속해서 자라면서 포도가 흡수할 영양분을 가로챌 우려가 있는 포도나무의 가지 끝을 잘라낸다. 그리고 수확할 포도에 충분한 영양분을 주기 위하여 불필요한 열매는 제거한다. 또한 포도송이 주변의 잎들을 어느 정도 제거해야 일조량을 늘릴 수 있으며, 포도 껍질의 착색과 포도알의 숙성을 촉진시킬 수 있다.

아. 착색기

초여름 동안 알이 커진 포도는 아직은 초록색의 단단한 모양을 갖춘다. 그러나 8월 중순이 되면 색깔이 변하여 품종에 따라 짙은 보라색이나 반투명한 노란색 빛깔로 물이 든다. 포도알이 성장을 멈춘 후, 고유의 색깔을 나타내며 무르익는 시기를 베레종(Veraison; 초색기)이라 한다. 이 시기의 어린 포도는 새들의 목표물이 되기 쉽기 때문에 양조자는 그물망을 쳐서 새들이 포도나무에 접근하는 것을 막는다.

8월 말이 되면 포도는 성숙을 마친다. 따뜻한 지역에서는 수확 준비를 해야 한다. 아주 무더운 지역에서는 8월에 수확이 시작된다. 미리 수확 작업에 필요한 모든 장비를 점검하고, 인력을 확보해 두어야 한다.

자. 성숙기

뿌리와 잎으로부터 영양분을 공급받게 되면 포도알이 당도가 올라가고 산도가 낮아진다. 수확하기 전까지 탄닌과 색소, 아로마의 함량은 계속 증가한다. 성숙기는 1년 중 와이너리가 가장 바쁜 시기로, 포도 재배자는 양조 통을 닦거나 포도주 제조 용기들을 검사해 본다. 효모, 설탕, 산 등 각종 첨가물도 꼼꼼히 준비한다.

차 수확기

정확한 수확 시기를 결정짓는 것이 중요하다. 늦여름에 시작하며 8월 중순부터 10월 하순 사이에 각 포도 품종이 최고의 상태에 있을 때를 선택하여 수확한다. 수확 날짜는 포도의 익은 상태에 따라 달라진다. 수확이 끝난 후에도 포도나무는 햇빛을 잘 받아야 겨울을 견디고 봄에 싹을 틔울 탄수화물을 저장할 수 있다.

카. 낙엽기

포도나무 잎이 변색되고 낙엽이 진다. 첫서리가 내리면 잎이 떨어진다. 포도나무는 식물 생장기 중 휴식기에 들어가게 된다. 색이 물들기 초기부터 잎을 통해 진행되던 광합성 작용으로 저장된 물질들이 가지에 쌓이게 된다. 주로 10~11월에 해당된다.

차. 휴면기

11~3월에는 포도나무들은 동면에 들어간다. 따라서 11~2월에 추위가 닥쳐오기 전에 흙을 나무 그루터기에 부어주어 겨울에 포도나무가 어는 것을 막는다.

03. 포도의 최적 재배 조건

1) 일조량

좋은 포도를 수확하기 위해서는 일조량이 충분해야 한다. 햇빛은 와인의 빛깔과 당분에 영향을 준다. 따라서 기온이 너무 올라가지 않는 한 일조량은 많으면 많을수록 좋으며, 일조량은 연간 최소 1,250~1,500시간이 필요하다. 일조량이 적으면 당도(Sweetness)가 떨어지고 산도(Acid)가 높고, 일조량이 많으면 당도가 높고 산도가 낮다.

그리고 일조량은 광합성에 직접 영향을 미쳐 일조량이 적어지면 제대로 자라지도 못하지만, 주석산보다 사과산의 함량이 많아진다. 특히 색깔과 떫은맛에 영향을 주는 폴리페놀 성분, 즉 탄닌이나 안토시아닌이 감소한다. 와인에 향을 부여하는 성분도 감소되며 풋내가 증가한다.

또한 햇빛은 와인의 빛깔을 결정하여 포도의 당분을 형성시키고 붉은 색소가 합성되기 위해서는 보다 많은 태양 에너지가 필요하다. 이런 이유로 북쪽 지역에서는 주로 화이트 와인을 많이 생산하며, 남쪽에서는 색깔이 짙은 레드 와인을 생산한다. 따라서 북반구에서는 햇빛을 많이 받게 하기 위해 포도밭을 동쪽에서 남쪽 방향으로 향하게 한다.

2) 강우량

강우량이 많으면 포도의 산도는 높아지고 당도는 낮아진다. 비가 오면 일조량 부족으로 광합성을 감소시켜 품질이 저하된다. 반대로 강우량이 적으면 산도는 낮아지고 당도는 높아져서 좋은 와인을 만들 수 있다. 포도자 잘 자라기 위해서는 연간 500~800mm의 강우량이 필요하다. 수확기에 비가 오면 포도의 농도가 묽어져 좋은 와인을 기대하기 어렵다.

3) 바람

포도는 비교적 바람에 강하며, 적당한 바람은 병충해 예방에 효과가 크다. 하지만 개화 직후에 불어닥치는 세찬 바람은 포도나무가 제대로 열매를 맺지 못하게 방해하고, 꽃을 공중으로 흩뜨려 포도가 열릴 기회를 상실하게 한다. 또한 강한 바람이 지속적으로 불면 광합성이 멈춰서 정장이 느려진다. 심한 바람은 포도나무의 부드러운 부분을 파손하고 줄기를 상하게 하며 심지어 열매에 상처를 내기도 한다.

4) 온도

포도나무는 서리를 싫어하므로 연평균 기온이 높아야 하며, 포도나무의 성장 주기 기간에 포도의 숙성을 위해서도 열이 필요하다. 포도 생육 기간에는 평균 20~25℃의 낮 온도가 유지되어야 한다. 특히 수확하기 전 1개월가량은 맑고 건조한 날씨가 계속되어야만 와인이 진해진다. 가까운 곳에 하천이 있는 포도밭은 기온의 변화에 큰 영향을 받지 않으며, 밤낮의 기온차이에 의해 적당한 습도를 제공해 주기 때문에 하천이나 바다 주변에 포도밭이 많다.

5) 서리

포도나무는 서리에 약해 초봄에는 순을 얼게 하고, 심하면 포도나무를 죽인다. 초가을의 서리는 잎을 파괴하고, 포도가 익을 수 있도록 마지막 과정을 방해한다. 따라서 포도나무가 서리를 맞지 않도록 주의해야 한다.

특히 영하 4도 이하가 되면 포도나무의 줄기가 갈라지고 감염 위험에 노출된다. 초봄에 새싹이 나올 때 서리를 막기 위해 포도밭 중간중간에 히터로 열을 가하기도 한다.

6) 토양

토양은 포도나무에 물과 영양분을 공급한다. 포도나무 재배에는 자갈밭처럼 영양분이 충분하지 못하고 배수가 잘되는 토양이 적합하다. 포도는 척박한 토양에서 재배된 것일수록 좋은 와인을 만든다. 포도나무가 비옥한 땅에서 자라면 줄기와 잎이 너무 무성해져서 포도알이 빈약해져 와인 양조용으로서 가치를 잃어버리게 된다.

토양에 배수가 잘되지 않아 수분이 많으면 포도의 당도가 떨어진다. 영양분이 없고 배수가 잘되는 토양이라야 포도나무가 수분과 영양분을 얻기 위해 땅 속 깊이 뿌리를 내려 지하 깊은 곳에 있는 여러 가지 미네랄을 충분히 흡수하여 좋은 와인을 만든다.

7) 고도

포도밭은 적당한 높이에 자리 잡아야 한다. 높이가 100m 높아지면 기온은 0.5~1℃ 내려간다. 밭이 저지대에 있는지 고지대에 있는지에 따라 포도의 생육 조건은 달라진다. 일반적으로 고지대의 포도는 산도가 강하고 거칠고, 저지대는 가볍고 빈약하다.

04. 샤르도네

가. 산지

샤르도네(Chardonnay)의 원산지는 프랑스 부르고뉴(Bourgogne) 지방에서 만들어진 품종이다, 화이트 와인을 만드는 데 사용되는 청포도 품종 중에서 가장 고급스러워 와인의 여왕이라고 불린다. 샤르도네는 토질을 가리지 않고 잘 자라기 때문에 극한적 환경만 아니라면 거의 모든 지역에서 잘 자란다.

나. 특징

샤르도네는 포도알이 작아 껍질과 알맹이가 분리되지 않으나 오크통 발효와 숙성에 아주 적합하다. 샤르도네는 양조자가 원하는 대로 활기차고 신선한 스파클링 와인으로, 풍부하고 유질감(물에 올리브오일을 한 방울 떨어뜨리고 마시면 물 속에서 분리되는 미끌미끌함)이 느껴지는 와인으로, 달콤한 와인으로 만들 수 있다.

다. 맛

와인 빛깔은 지역과 양조 방법에 따라 무색에서 황금색까지 천차만별인데, 주로 황록색과 호박색을 띤다. 서늘한 기후대에서 자란 샤르도네는 섬세하고, 기품 있는 와인을 생산하며, 뜨거운 태양 아래에서 일조량을 많이 받은 샤르도네는 열대 과일 향이 풍부한 강한 화이트 와인을 만들어 준다. 오크 숙성을 통하여 부드러움과 복합미를 증진시킬 수 있으며, 화이트 와인 중에서 가장 오래 보관할 수 있는 품종이다.

라. 대표적인 와인

샤르도네는 샤블리(Chablis) 지방의 주 품종이며, 부르고뉴 지방의 코트 뒤 론 (Côtes-du-Rhône), 샹빠뉴(Champagne), 남아프리카공화국의 루츠빌 샤도네이(Lutzville Chardonnay), 등이 있으며 특히 프랑스 샤블리(Chablis), 뫼르소(Meursault), 몽라쉐 (Montrachet) 등 유명한 화이트 와인을 생산하는 데 사용한다.

| 코트 뒤 론 | 샹빠뉴 | 루츠빌 샤도네이 | 뫼르소 | 샤블리 |

05. 쏘비뇽 블랑

가. 산지

　쏘비뇽 블랑(Sauvignon Blanc) 원산지는 프랑스 보르도 루아르 지방인데 쏘비뇽이라는 이름은 프랑스어 야생(Sauvage)과 흰(Blanc)에서 유래했다. 지나치게 따뜻한 기후에서 재배될 경우 특유의 향과 산도가 없어진다.

나. 특징

　보르도에서는 전통적으로 세미용과 블렌딩해 드라이 와인과 스위트 와인을 만든다. 풀과 과일 향이 상당히 자극적이고 산도가 비교적 높아서 드라이한 맛에 톡 쏘는 듯한 자극을 준다. 일반적으로 오크통에서 숙성시키지 않아 그린 빛을 내며 신맛이 강한 시트러스 계열의 과일 향이 풍부하다. 약간 온난한 기후를 좋아하며, 와인의 빛깔은 푸른빛을 띠는 담황색이 많지만 양조자와 생산지에 따라 빛깔이 약간씩 다르다.

다. 맛

　와인의 아로마는 신선하고 상쾌한 향료와 같은 향도 있지만 풀 냄새와 아스파라거스, 구스베리, 쐐기풀, 푸른 피망, 허브, 올리브 향도 어우러져 나타난다. 맛은 적당한 신맛의 과일 풍미도 느낄 수 있고, 쌉쌀한 것부터 단맛이 나는 것까지 종류가 다양하다. 보르도 남서부 지방과

루아르(Loire) 지역이 대표적인 산지인데, 보르도 지역의 쏘비뇽 블랑은 대개 세미용 품종과 블렌딩하여 조화롭고도 싱그러운 느낌을 준다. 루아르 지역은 미네랄 성분이 강하고 쌉쌀한 풍미가 난다.

라. 대표적인 와인

소비뇽 블랑으로 만든 대표적인 와인으로는 미국의 클리프 레이디 소비뇽 블랑(CLIFF LEDE VINEYARDS Sauvignon Blanc), 스페인의 에구렌 우가르떼(Eguren Ugarte) 프랑스, 칠레, 캐나다, 뉴질랜드시로 싱글 빈야드 소비뇽 블랑(Cirro, Single Vineyard Sauvignon Blanc), 이탈리아의 칸티나 길랑(Cantina Girlan), 프랑스의 메종 카스텔(Maison Castel) 등이 있다.

클리프 레이디   시로 싱글 빈야드   에구렌 우가르떼   칸티나 길랑   메종 카스텔

06. 리슬링

가. 산지

리슬링(Riesling)은 독일의 라인강(Rhine)이 원산지인 청포도 품종으로 독일을 대표하는 품종이다. 향이 다채로운 포도 품종으로 향수와 같은 꽃 향기를 가지고 있으며 비교적 추위에 강하며 알맹이는 작은 편이다. 리슬링은 다른 화이트 와인보다 산도가 비교적 높아 장기 숙성이 가능한 품종인데, 재배하기 까다롭고 토양에 따라 변화가 심하다.

높은 고지대나 햇빛이 잘 들지 않는 경사면, 마른 토양에서는 양질의 열매가 자라기 힘들어 남향의 일급 토양지에서 잘 자란다. 아주 따뜻한 곳에서는 잘 자라지 않으며, 서늘한 지역에서도 와인의 품질과 특징에 차이가 상당히 많이 난다.

나. 특징

리슬링은 포도가 재배된 지역에 따라서 그 특성이 매우 달라지며 대체로 알코올 함량이 낮고 무게감이 가볍다. 독일과 같이 매우 추운 기후에서 재배된 리슬링은 사과나무의 향을 많이 띠게 되며 산도가 상대적으로 높다. 특히 리슬링은 껍질이 얇아 귀부병을 일으키기 쉬우며 귀부병에 걸린 포도를 사용하여 달콤한 디저트 와인을 생산하고, 추위에 강한 리슬링

포도를 초겨울까지 수확하지 않고 당도가 가장 높은 초겨울에 수확해 와인을 만들면 달고 향기로운 아이스바인(Eiswein)이 되기도 한다. 원산지인 독일에선 이 품종으로 훌륭한 귀부 와인을 만들지만, 오스트리아나 알자스와 같이 따뜻한 기후에서 늦게 익는 경우는 좀 더 시트러스하고 복숭아와 같은 향을 가질 수 있다.

다. 맛

리슬링 와인은 향이 아주 강렬한 경향이 있는데 산지와 당도, 숙성도에 따라 미네랄, 꽃, 라임, 꿀 향이 난다. 산지에 따라 단맛, 신맛 정도가 상당한 차이를 보이며, 양질의 리슬링은 싱싱한 과일의 풍미를 한껏 느낄 수 있는 우아한 맛을 낸다.

숙성이 덜 됐을 때는 신맛, 숙성되면 복합적으로 변모해 신맛과 단맛의 조화가 절묘하게 이루어진다. 리슬링 와인은 섬세하고 기품이 있는 와인으로 산도와 당도의 균형과 조화가 잘 이루어져 와인의 초보자가 마시기에 적합하며 닭고기, 야채 등과 잘 어울린다.

라. 대표적인 와인

가장 스위트한 리슬링은 풍성하고 달콤한 특징을 보인다. 독일 리슬링 TBA(Torckenbeerenauslese)는 잔여 당분이 30%에 이르기도 한다. 미국의 리슬링은 때로는 요하니스베르가(Johannisberg) 리슬링이라고 하는데, 리슬링으로 유명한 독일 도시 요하네스베르크의 명칭을 딴 것이다. 호주에서는 리슬링을 때로는 라인(Rhine) 리슬링이라고도 한다.

TBA

요하니스베르가

라인

07. 슈냉 블랑

가. 산지

　슈냉 블랑(Chenin Blanc)원산지는 프랑스 루아르(Loire) 지방의 루아르 밸리 화이트 품종이다. 현재 슈냉 블랑은 루아르 지방에서 많이 재배되는 품종되고 있지만, 남아공에서 가장 많이 재배되고 있다. 남아공에서 슈냉 블랑은 따뜻한 기후에서도 산미를 잘 유지하며 훌륭한 와인이 된다.

나. 특징

　신세계 와인 생산국의 슈냉 블랑은 열대 과실, 특히 바나나와 구아바, 파인애플 등의 향이 두드러지며, 산미와 미네랄 풍미는 프랑스 루아르에 비하면 적다. 드라이한 슈냉 블랑는 식전주 혹은 해산물 혹은 닭고기와 즐기며, 블루치즈와 잘 어울린다.

　루아르의 슈냉 블랑은 완전히 드라이한 것에서 아주 달콤한 것까지 당도가 다양한 와인을 만든다. 지금은 재배량이 줄어들었지만, 샤르도네가 인기를 얻기 시작하기 이전에 캘리포니아에서 가장 광범위하게 재배되는 화이트 와인 포도 품종이었다.

다. 맛

슈냉 블랑은 신선하고 매력적이며 부드러운 것이 특징인데 복숭아, 멜론, 레몬 등 과일 향이 짙다. 리슬링보다 예민해 추위와 악천후를 견디지 못하는 까다로운 품종으로 껍질이 얇고 산도가 좋고 당분이 높다. 부드러운 황금색의 슈냉 블랑은 드라이한 화이트 와인부터 달콤한 귀부 와인까지 다양한 맛을 선사한다. 또 산도가 높기 때문에 발포성 와인의 주재료로도 쓰인다. 루아르에서는 섬세하고 장기 숙성이 가능한 와인이 나온다.

캘리포니아의 슈냉 블랑은 부드럽고 원만한 풍미에 배, 멜론, 살구, 붉은 사과, 복숭아, 과일 칵테일 시럽을 떠올리게 한다.

라. 대표적인 와인

슈냉 블랑은 남아프리카공화국의 대표적인 화이트 품종으로 스틴(Steen)이 있으며, 프랑스의 달콤한 귀부 와인 부브레(Vouvray), 사브니에르(Savennières), 앙주(Anjou), 소뮈르(Saumur), 미국 캘리포니아의 파인 릿지 빈야드(Pine Ridge Vinyards) 등이 있다.

| 스틴 | 부브레 | 앙주 | 소뮈르 | 파인 릿지 빈야드 |

08. 세미용

가. 산지

세미용(Semillon) 프랑스 남서부 지방에서 보르도에서 많이 재배하는 주로 재배되는 청포도 품종이다. 세미용이라는 이름은 세미용 드 쌩-테밀리옹(Sémillon de Saint-Émilion)의 지역명을 따랐다. 1820년대에는 호주로 전래됐다.

세미용 화이트 와인은 보르도 그라브(Graves) 지방에서 많이 생산되고 특히 샤토 디켐(Château d'Yquem)이 생산되는 소테른(Sauternes)에서 많이 재배되고 있다. 샤토 디켐도 이 품종을 80% 정도 사용한다. 프랑스의 보르도, 소테른, 바르삭, 그라브, 호주 헌터밸리(Hunter Valley), 남아프리카공화국 등에서 재배되고 있다.

나. 특징

세미용은 레몬, 사과, 복숭아, 꿀, 열대 과일 향과 힘차면서도 우아한 맛으로, 쏘비뇽 블랑과 블렌딩해 고급 드라이 화이트 와인을 만들거나 최고의 스위트 와인을 만드는 원료가 된다. 세미용은 소테른 와인에 이상적인 품종인데, 껍질이 얇아 귀부균의 공격을 쉽게 받기 때문에 귀부병에 감염시키기 쉽다.

세미용은 오크통 숙성을 거쳐 품질 좋은 드라이 와인을 만들어 내는데, 특히 그라브 지방이 유명하다. 포도를 일찍 수확해 복합적이고 미네랄 향이 물씬한 장기 숙성용 드라이 와인을 만든다. 세미용은 숙성 과정에서 변형된다.

다. 맛

세미용은 특히 소테른(Sauternes)과 바르삭(Barsac) 산이 좋은데, 단맛이 강하고 신맛이 적기 때문에 신맛을 살려 주기 위해 쏘비뇽 블랑(Sauvignon Blanc)이나 뮈스카데(Muscadet) 등과 블렌딩하기도 한다. 오래 숙성된 세미용 와인은 진하고 꿀 같은 향으로 발전하며 거의 라놀린(Lanolin) 같은 질감을 준다. 숙성된 세미용 와인은 주로 보르도와 호주에서 소량만 생산된다. 와인이 숙성됨에 따라 황색이 황금색으로 변하고, 귀부 와인은 숙성됨과 동시에 갈색에 가까운 색을 갖는다. 귀부 와인이 될 경우 벌꿀과 보리엿 맛이 난다.

라. 대표적인 와인

프랑스 소테른과 캘리포니아에서는 쏘비뇽 블랑과 혼합해서 사용하기도 하고, 호주에서는 쏘비뇽 블랑과 혼합해서 만든 스커틀버트(Skuttlebutt) 외에 샤르도네와 혼합해서 만든 하디스(Hardy)가 있다. 칠레에서는 소비뇽블랑과 세미용을 혼합해서 오차가비아(Ochagavia), 뉴질랜드 실레니(Sileni)가 있다.

| 스커틀버트 | 하디스 | 오차가비아 | 실레니 |

09. 게뷔르츠트라미너

가. 산지

게뷔르츠트라미너(Gewürztraminer)는 프랑스의 알자스와 독일의 화이트 품종이다. 게뷔르츠(Gewürz)라는 말은 독일어로 'Spice'라는 뜻으로, 스파이시한 트라미너(Spicy Traminer)라는 의미다. 포도알은 진분홍색이나 와인 색상은 대부분 중후한 황금빛이고 가끔 분홍빛도 띤다. 한재 게뷔르츠트라미너는 뉴질랜드의 이스트 코스트와 칠레, 캐나다의 브리티시컬럼비아, 미국의 오리건 이탈리아의 알토 아디제 등에서 재배된다.

나. 특징

게뷔르츠트라미너는 하루 중 상당히 오랫동안 햇빛을 받아야 하는 품종으로 지역마다 수확 시기가 다른데, 일찍 수확한 포도로 만든 와인은 향긋한 반면 늦게 수확한 것은 맛과 향이 강렬해서 전혀 다른 느낌을 준다.

다. 맛

게뷔르츠트라미너는 산도는 낮고 알코올 함량은 높아서 묵직한 느낌에 자극적으로 느껴지기도 한다. 장미, 신선한 포도, 계피 향이 나며 맛이 강한 만큼 훈제 생선, 거위 고기, 진한 치즈 등과 잘 어울린다. 드라이 와인부터 스위트 와인까지 다양한 맛의 이 품종 와인은 아름다운 빛과 오묘한 향으로 사랑받고 있다. 장기 숙성이 가능한 화이트 와인이다.

라. 대표적인 와인

게뷔르츠트라미너를 사용한 대표적인 와인은 프랑스의 메종 카스텔(Maison Castel), 스페인의 소모스(Sommos), 미국의 조셉 스완(Joseph Swan), 이탈리아의 칸티나 길랑(Cantina Girlane) 등이 있다.

메종 카스텔   소모스   조셉 스완   칸티나 길랑

10. 트레비아노

가. 산지

트레비아노(Trebbiano)의 원산지는 정확히 알려져 있지 않다. 이탈리아에서 7-장 널리 재배되는 화이트 품종의 하나로 북부 롬바르디아(Lombardia)에서 남부까지 이탈리아 전역에서 재배된다. 주로 이탈리아와 프랑스에서 재배하며, 이탈리아에서는 소아베(Soave)를 비롯한 다른 와인을 만들 때 블렌딩용으로 사용한다.

나. 특징

세계에서 열매를 가장 많이 맺는 포도나무 중 하나로 다른 어떤 품종보다도 평범하면서 단조로운 와인을 생산하는 데 사용한다. 프랑스에서는 위니 블랑(Ugni Blanc)과 생떼밀리옹(Saint Emilion)이라는 이름으로 알려졌으며 증류한 트레비아노로 코냑(Cognac)을 만든다.

다. 맛

이탈리아에서는 화이트 와인 양조용으로 사용되지만, 프랑스에서는 신맛이 매우 강해서 주로 코냑이나 아르마냑같은 브랜디를 만드는 데에 사용된다.

라. 대표적인 와인

트레비아노로 만든 대표적인 와인으로는 이탈리아에서는 깊은 짚 노란색을 띠며 배, 아카시아의 꽃 향기, 발사믹 힌트를 느낄 수 있는 탈레(Thale), 바나나와 같은 열대과일 향이 나며, 미디엄 바디로 긴 여운과 지속성이 좋은 판티니 트레비아노 다브루쪼(Fantini Trebbiano d'Abruzzo), 부드러운 스파이시함이 산미와 함께 어우러지는 벨레노시(Velenosi,) 등이 있다.

탈레   판티니   벨레노시

11. 피노 블랑

가. 산지

피노 블랑(Pinot Blanc)의 원산지는 프랑스 부르고뉴이며, 프랑스 알자스(Alsace), 이탈리아 알토 아디제(Alto Adige), 독일과 오스트리아에서 주로 재배되는 화이트 품종이다. 피노 블랑은 프랑스 알자스 지방, 독일, 이탈리아, 오스트리아, 미국 캘리포니아와 오리건 등지에서 재배되고 있다.

나. 특징

피노 누아의 변종으로 껍질이 더 얇다. 정작 원산지인 부르고뉴에서는 샤르도네 대용으로만 약간 재배한다. 피노 블랑은 일반 화이트 와인, 스파클링 와인, 디저트 와인 등 다양한 스타일로 만들어진다.

다. 맛

샤르도네와 구별하지 못할 정도로 비슷하다. 향이 유쾌하며 섬세하고 입 안에서는 신선하고 부드러움을 간직하고 있어 스파클링 와인을 만드는 데 좋은 포도 품종이다. 샤르도네보다 약간 가벼우며 산도가 높아 좀 더 새콤한 맛이 난다. 풀 바디한 드라이 화이트 와인을 만들수 있기 때문에 남부 독일과 이탈리아 알토 아디제에서도 인기가 좋다. 산도와 향이 비교적 약해 보통 어릴 때 빨리 마시는 편이다.

라. 대표적인 와인

피노 블랑은 프랑스에서는 기분 좋은 산도가 마시면 마실 수록 경쾌하고 신선한 호른 피노 블랑((Horn Pinot Blanc), 피노블랑 오세루아(Pinot Blanc Auxerrois)가 있다. 이탈리아에서는 피노 블랑을 피노 블랑코라고 부르며, 다리오 프린치 블랑코(Dario Princic, Blanco)가 있다. 알자스에서는 클레브너(Clevner)이 있으며, 독일과 오스트리아에서는 바이스부르군더(Weissburgunder)와인이 있다.

호른 피노 블랑   피노블랑   다리오 프린치   클레브너   바이스부르군더
                오세루아   블랑코

12. 머스켓

가. 산지

머스켓(Muscat)은 모스카토, 모스카텔이라고도 한다. 모스카토는 이탈리아어로 화이트 품종 뮈스까(Muscat)를 의미하며, 이탈리아 북서부 지역의 아스티 지방에서 생산되는 스파클링 와인은 모스카토 다스티(Moscato d'Asti) 라 부른다. 포르투갈에서 뮈스까(Muscat) 품종을 말한다.

나. 특징

머스켓은 토양적인 무스크 향에서 기인한 이름으로 여러 변종이 있는데 아주 다양한 기후에서 여러 가지 와인을 생산한다. 따뜻한 지역에서는 스위트 와인(Sweet Wine)을, 추운 지역에서는 드라이 와인(Dry Wine)을, 이탈리아에서는 스파클링 와인(Sparkling Wine)을 만들어 내고 있다. 가볍고 산도가 낮으며 아로마가 풍부한 것이 특징이다.

다. 맛

모스카토(Moscato) 품종으로 생산된 포도주는 달고 순하며 향이 매우 강한 특징을 보이며 생산지에 따라 다른 양조 기술을 사용하므로 스위트 와인에서부터 스푸만테(Spumante), 파씨토(Passito), 주정강화 와인(Fortified Wine)에 이르기까지 다양한 종류를 보인다. 항상 전 세계적으로 상업적인 성공을 거둔 대표적인 이탈리아 포도주 중 하나인 아스티 스푸만테(Asti Spumante; 스파클링 와인)의 기본 품종이기도 하다.

라. 대표적인 와인

　머스캣으로 만든 대표적인 와인으로는 이탈리아에서는 균형 잡힌 와인의 단맛은 산도와 균형 잡힌 향이 나는 스파클링 와인인 모스카토 스푸만테(Moscato Spumante), 수확한 포도를 그늘에서 3~4개월 건조시켜 당분과 향미를 농축시키는 과정을 거친 파씨토(Passito), 전 세계적으로 상업적인 성공을 거둔 대표적인 이탈리아 포도주 중 하나인 아스티 스푸만테(Asti Spumante; 스파클링 와인)이 있다.

모스카토 스푸만테

파씨토

아스티 스푸만테

13. 까베르네 쏘비뇽

가. 산지

까베르네 쏘비뇽(Cabernet Sauvignon)은 대표적인 적포도 품종으로 프랑스 보르도의 메독(Medoc)이 원산지다. 전 세계에서 널리 재배되고 있는 포도 품종으로 적응력과 성장력이 강해 서늘하거나 덥거나 심지어 뜨거운 기후에서도 잘 자라며, 여러 가지 토질에도 적응력이 좋고 병충해에도 강해 와인 제조업자들의 사랑을 받고 있다. 생장이 비교적 늦어 따뜻한 기후에서만, 재배가 가능하다. 원산지인 프랑스 메독과 그라브에서 조차 완전히 익지 않는 경우가 있다. 그러나 잘 익으면 두꺼운 남색 껍질 안에 근사한 색과 향과 탄닌을 담게 된다.

나. 특징

카베르네 소비뇽은 카베르네 프랑과 소비뇽 블랑의 교배종으로 적포도의 왕이라고 불리는 가장 대표적인 품종이다. 아주 싸고 대중적인 와인부터 세계 최고급 그랑 크뤼 클라세(Crand Cru Classe)까지 다양한 품질의 와인을 만들 수 있다. 껍질이 두껍고 씨앗이 크고 많다. 씨앗은 탄닌 함량을 풍부하게 하고, 두꺼운 껍질은 색깔을 깊이 있게 나타낸다.

다. 맛

탄닌이 많이 함유된 껍질과 씨는 오래 숙성시킬 수 있는 힘이 있는 와인을 만든다. 탄닌이 풍부해 어릴 때는 떫은맛이 강해서 거칠지만 오크통 숙성을 통해 맛이 부드러워진다.

까베르네 쏘비뇽으로 만든 와인은 장기간 숙성이 가능하다. 또한 산도가 상당히 높은 품종으로 와인의 시큼하고도 산뜻한 신선함이 여기서 비롯된다. 묵직한 와인의 대명사로, 잘 숙성되면 화려하고도 미묘한 와인이 된다.

라. 대표적인 와인

카베르네 소비뇽은 보르도에서는 메를로나 까베르네 프랑 등과 블렌딩하지만, 칠레나 캘리포니아 북부처럼 따뜻한 제2의 고향에서는 까베르네 쏘비뇽 하나만으로도 좋은 와인이 탄생한다. 대표적인 와인으로는 미국의 프랜치 오크의 가벼운 터치에서 느껴지는 토스티한 맛이 매력적인 드리프팅 카베르네 소비뇽(Drifting Cabernet Sauvignon), 상당한 타닌을 지니며 벨벳처럼 펼쳐지는 질감이 더없이 풍요로운 바넷 빈야즈, 래틀스네이크 카버네 소비뇽(Barnett Vineyards, Rattlesnake Cabernet Sauvignon)이 있으며, 스페인에서는 복합적인 꽃 아로마 지속적인 과실 향의 상쾌한 여운이 남는 에구렌 우가르떼(Eguren Ugarte) 등이 있다.

드리프팅

바넷 빈야즈

에구렌 우가르떼

14. 메를로

가. 산지

메를로(Merlot)의 원산지는 프랑스 보르도인데, 조생종이며 까베르네 쏘비뇽과 함께 보르도의 대표적인 포도 품종이다. 메를로라는 이름은 '지빠귀'를 뜻하는 프랑스어(Merle)에서 유래되었다. 유난히 달콤하고 과즙이 많은 이 포도를 종달새들이 즐겨 먹었다고 해서 이런 이름이 붙었다. 까베르네 쏘비뇽이 자갈이 많은 거친 땅을 선호하는 한편, 메를로는 진흙 토양을 좋아하는 포도로, 우아하고 섬세한 와인을 만든다. 프랑스를 제외하고 뉴질랜드의 거의 전지역, 이탈리아 북부, 미국, 캐나다, 호주, 남아공, 칠레 등지에서 잘 자란다.

나. 특징

메를로의 생김새는 카베르네 소비뇽과 비슷하지만, 알맹이가 더 통통하고 물기가 많으며 단맛이 강하다. 메를로는 당분이 많아서 와인을 만들면 알코올 함량이 높아진다. 카베르네 소비뇽보다 빨리 숙성되면서 순하고 향긋하기 때문에 다른 포도 품종의 거친 맛을 부드럽게 만들기 위해 까베르네 쏘비뇽과 블렌딩한다.

다. 맛

메를로는 부드럽고 섬세하며 가냘픈 맛을 내는 품종으로 과일 향이 풍부하고 산도가 낮으며 까베르네 쏘비뇽에 비해 탄닌 함량이 적고 부드러워서 편안하게 마시기에 좋으며, 가벼워서 다른 포도의 거친 맛을 부드럽게 하기 위해 혼합용으로 많이 사용한다.

라. 대표적인 와인

메를로로 만든 대표적인 와인은 보르도의 생떼밀리옹과 포므롤(Pomerol) 지방의 샤토 페트뤼스(Château Petrus)는 보르도에서도 가장 전설적인 와인으로 메를로를 95% 사용한다. 그리고 이탈리아의 마세토(Masseto), 샤토 페트뤼스(Château Petrus), 샤토 오존(Château Ausone) 등이 있다.

샤토 페트뤼스   마세토   샤토 오존

15. 피노 누아

가. 산지

피노 누아(Pinot Noir)의 원산지는 프랑스 부르고뉴로 대표 레드 품종이다. 다. 피노 누아는 전세계 서늘한 기후를 지닌 모든 곳에서 재배되지만, 프랑스 부르고뉴에서 자란 것을 최상으로 여긴다. 이 외 미국 오레곤(Oregon), 카르네로스(Caneros), 러시안 리버 밸리(Russian River Valley), 남아공의 워커 베이(Walker Bay)와 엘진(Elgin), 뉴질랜드의 마틴보로(Martinborough)에서도 재배되며, 프랑스 상파뉴(Champagne)에서도 생산된다. 부르고뉴와 미국 오리건주, 뉴질랜드 등의 산지에서 특징 있는 피노 누아를 생산한다.

나. 특징

피노 누아는 생장이 비교적 빠르며 떼루아에 극도로 민감하여 재배하기 까다롭다. 특히 기후에 대단히 민감한 품종으로 다른 품종들은 잘 자라지 못하는 서늘한 지역에서 재배되는 품종인데 껍질이 얇아 쉽게 터지고, 다루기도 어려운 품종이다. 프랑스 부르고뉴에서 이 포도 품종으로 세계 정상급의 레드 와인을 만들고 있다. 블렌딩하지 않고 단일 품종으로 와인을 만든다.

다. 맛

우아한 과실의 맛이 풍부하고, 부드러운 타닌과 환상적인 산미를 지닌다. 우아한 과실의 맛이 풍부하고, 비단같이 부드러우면서도 야생성을 지니고 있는 매력적인 와인이다. 껍질이 얇아 와인의 색깔이 진하지 않고 탄닌도 많지 않아 맛이 깔끔하다. 나무딸기, 딸기, 체리, 민트 향기를 지니고 있으며, 탄닌이 적고 부드러워 마시기 좋다.

라. 대표적인 와인

대표적인 와인으로는 프랑스에서는 로마네 꽁띠(Romanee-Conti), 샹베르탱(Chambertin) 등의 특급 와인이 있고, 집중도 있는 익은 과실감과 오밀조밀 밀도 있는 버블이 입 안에 가득 차는 스파클링 와인인 샹파뉴 드 로슈(Champagne de L'auche) 등이 있다. 미국에서는 히비스커스의 아로마가 기분 좋게 느껴지며, 입 안에서 장미와 아니스(anise)의 힌트가 복합미를 더해주는 램스 게이트(Ram's Gate), 실크처럼 부드러운 타닌감이 돋보이는 피니시는 길게 지속되는 웨이페어러(Wayfarer) 등이 있다.

로마네 꽁띠   샹베르탱   샹파뉴 드 로슈   램스 게이트   웨이페어러

16. 쉬라즈

가. 산지

시라(Syrah)/쉬라즈(Shiraz)는 원산지는 프랑스 론 지방이며, 페르시아(지금의 이란)가 십자군 전쟁 때 유럽으로 전파되었고, 19세기에 들어 다시 호주로 전파되어 호주의 대표 품종이 되었으며, 보르도, 부르고뉴 등 프랑스의 우아한 와인들에 비해 강렬하고 힘찬 맛과 향으로 애호가들을 열광시키고 있다.

시라는 서리와 추위에 강하고 척박한 땅에서도 뿌리를 잘 내리는 등 강한 생명력을 지니고 있기 때문에 전 세계로 급속하게 퍼져 나갔다.

나. 특징

프랑스 론강 유역의 쉬라즈가 유명한데, 특히 에르미타주(Hermitage)와 코트 로티에 서 훌륭한 와인이 나온다. 색이 짙고 장기 숙성이 가능한데, 코트 로티에선 향을 내기 위해 전통적으로 비오니에 종을 약간 섞는다. 현재는 프랑스 남부 전역에서도 블렌딩 용도로 많이 재배된다. 최근에는 호주의 대표 품종으로 자리를 잡고 있는데 호주에서는 쉬라즈(Shiraz)라고 부른다. 프랑스 시라는 호주산 쉬라즈와 맛이 상당히 다르다. 쉬라즈는 호주의 대표 품종으로, 진하고 선명한 적보라빛 색상이 일품이며, 풍부한 과일 향과 향신료 향이 색다른 와인의 맛을 느끼게 해준다.

다. 맛

쉬라즈는 산도가 높으며 신선한 과일 향과 민트, 스파이시한 맛 등이 특징이다. 산뜻한 신맛과 강하면서도 감칠맛 나는 탄닌의 조화가 특색이다. 바로사 밸리(Barossa Valley)처럼 따뜻한 지역에서는 진하고 풍부한 와인을 만들어 내지만, 빅토리아(Victoria)주의 서늘한 지역이라면 약간의 검은 후추 향이 나기도 한다. 완숙도와 관계없이 항상 감칠맛을 낸다.

라. 대표적인 와인

쉬라즈로 만든 대표적인 와인은 호주에서는 붉은 베리 향에 이어 섬세하게 올라오는 허브 아로마가 느껴지는 블렌드 보스 그르나쉬 쉬라즈(Blend Boss Grenche Shiraz), 은은한 오크 향과 미디움 탄닌과 길고 고소한 여운을 가진 진한 과일의 풍미를 지닌 플라바봄 바인 드라이드 쉬라즈(Flavabom Vine Dried Shirazt)가 있다. 스페인에는 에구렌 쉬라즈(Eguren Shirazt)가 있으며, 미국에는 프리미엄 와인으로 잘 짜여진 구조감과 복합미를 자랑하는 에토스 리저브 시라(Ehtos Reserve Syrah)가 있다.

블렌드 보스 그르나쉬   플라바봄 바인
드라이드 쉬라즈   에구렌 쉬라즈   에토스 리저브 시라

17. 까베르네 프랑

가. 산지

까베르네 프랑(Cabernet Franc)의 원산지는 프랑스 보르도인데 까베르네 쏘비뇽의 조상으로 덜 농밀하고 더 부드럽다. 프랑스의 적포도 가운데 까베르네 쏘비뇽과 메를로 다음으로 중요한 품종이다. 빨리 익기 때문에 루아르와 생떼밀리옹의 서늘하고 눅눅한 토양에서 널리 재배된다. 현재 카베르네 프랑은 보르도 포도밭 면적의 15%만을 차지하고 있고 단일품종 와인으로서의 명맥은 루아르 밸리의 시농, 부르궤이, 소뮈르 샹피니에서 이어지고 있다.

나. 특징

보르도의 위대한 최고급 와인의 블렌딩에 빠지지 않는 품종이 바로 까베르네 프랑이다. 일반적으로 보르도에서는 카베르네 소비뇽, 메를로와 함께 블렌딩 되고 카베르네 프랑은 보르도 와인에 붉은 과실 향과 꽃향기를 더해 더욱 복합적인 와인을 만드는 데 일조한다. 카베르네 소비뇽이 흉작일 환경에서도 풍작이라 소비뇽이 흉작일 때 대용으로 쓰인다고 한다.

다. 맛

까베르네 쏘비뇽보다 탄닌이 적어 일찍 숙성되지만, 장기간 숙성시킬 수 있는 특징이 있으며, 뉴질랜드와 롱아일랜드, 워싱턴 주에서는 식전용 와인으로 만들기도 한다. 이탈리아 북동부에서 생산된 포도는 기분 좋은 풀내음이 나며, 시농(Chinon), 부르게일(Bourgueil), 소뮈르 샹피니(Saumur-Champigny), 앙주 빌라주(Anjou-Villages) 산들은 최고의 실키한 부드러움을 보여 준다.

라. 대표적인 와인

세계에서 가장 위대한 레드 와인 중 하나인 샤토 슈발 블랑(Château Cheval Blanc),(Chinon)과 배의 맛이 느껴지며 부드럽고 매끈한 질감이 매력적인 질 베르리오(Gilles Berlioz)와 건포도의 향이 압축되어 섬세하게 코끝으로 전해지고, 혀끝으로는 안정된 산미와 크램베리의 맛을 느낄 수 있는 세인트 니콜라스(St Nicolas) 등이 있다.

샤토 슈발 블랑   시농   질 베르리오   세인트 니콜라스

18. 가메

가. 산지

　가메(Gamay)는 프랑스 보졸레 지방의 레드 와인 품종이다. 가메는 화강암 토양에서 잘 자라기 때문에 프랑스 보졸레 지방의 토양이 화강암질과 석회암질 등으로 이루어져 배수가 뛰어나 부르고뉴의 주요 재배 품종이 되었다. 보졸레 지방에서는 피노 누아(Pinot Noir) 대신에 가메(Gamay) 품종을 재배하고 있다. 아메리카 대륙에서는 캐나다의 나이애가라 반도 쪽에서 재배하고, 미국 오리건 쪽에서도 재배된다.

나. 특징

　가메는 프랑스 보졸레 지방의 화강암 언덕이 아니면 잘 자라지 않는다. 가메는 짙은 보라에 체리, 나무딸기, 과일 향이 풍부한 와인으로 가볍고 신선하고 발랄하다. 포도 껍질이 얇아 상처가 나기 쉽고 탄닌이 적은 편이며 산도가 높다. 상큼한 과일향이 풍부한 것이 특징이고 여름철에 마시기 좋다. 샤르도네, 알리고테, 뮈스카데와 같은 쟁쟁한 품종들이 이 둘의 교잡종이다.

다. 맛

가메는 탄닌이 적으며 산도가 높다. 그리고 상큼한 과일향이 풍부한 것이 특징이다. 장기 숙성용으로는 적당하지 않고, 보통 신선할 때 마신다. 꽃 향과 과일 향 등의 아로마가 특징이 며 가벼운 음식과 잘 어울린다. 고급 피노 누아르처럼 나긋나긋하면서도 뒷심이 강한 정도까 지는 아니지만, 충분히 좋은 와인이다.

라. 대표적인 와인

보졸레 크뤼 와인 중에서 고급 와인인 보졸레 빌라주(Beaujolais Villages)가 있으며, 물랭 아방(Moulin-A vant), 마리 호셰 레 파상트(Marie Rocher-Les Passantes) 등이 있다.

| 보졸레 빌라주 | 판티니 | 마리 호셰 레 파상트 |

19. 네비올로

가. 산지

네비올로(Nebbiolo)는 이탈리아 북서부의 피에몬테(Piedmonte) 지역의 대표 품종이다. 네비올로는 포도를 수확하는 늦가을 언덕을 뒤덮는 짙은 안개 네비아(Nebbia)에 어원을 두고 있다. 네비올로는 기후와 토양에 매우 민감하고 까다로워 좋은 위치와 뛰어난 일조량 그리고 너무 건조하지 않은 토양의 조건을 가진 산지에서 잘 자란다.

나. 특징

네비올로 를 사용해서 이탈리아 와인의 왕이라고 불리는 바롤로(Barolo)와 여왕이라고 불리는 바르바레스코(Barbaresco)를 만든다. 만생종이라 익는 시기가 매우 늦어 10월 중순이나 늦게는 11월에 수확한다.

다. 맛

와인은 진한 주황색이 살짝 도는 보랏빛이나 혹은 루비색에 가까운 색감을 지니며 좋은 산미와 매우 섬세한 향, 발사믹 향 등을 지니며 전체적으로 짙은 장미 향도 지니고 있다. 아주 풍부한 탄닌과 알코올이 있어 장기 숙성에 적합하다.

20. 산지오베제

가. 산지

산지오베제(Sangiovese)의 원산지는 토스카나(Toscana) 지방의 키안티(Chianti)이다. 제우스(Giove)의 피(San)라는 뜻의 이탈리아의 대표적인 레드 품종이다. 렌체와 시에나 사이에 있는 키안티 지역의 키안티 클라시코 마을이 산조베제의 명산지로 알려져 있다.

나. 특징

밝고 강렬한 루비색 와인을 만드는 산지오베제는 네비올로(Nebbiolo)와 함께 이탈리아를 대표하는 품종이다. 색상은 검붉고 때로는 석류 빛을 띤다. 산지오베제는 숙성 초기에는 신선하고 따뜻한 체리 파이 같은 아주 매력적인 특징을 보여 준다. 숙성되면서 말린 입사귀, 말린 오렌지 껍질, 차, 모카, 흙의 풍미를 표현한다.

다. 맛

적절한 탄닌이 짙게 배어 있고 깊은 맛을 준다. 그리고 시큼하고 드라이한 맛에서 복잡하고 우아한 맛까지 다양한 맛을 내는 산지오베제는 변종이 열다섯 가지나 될 정도로 지역마다 색다른 와인이 생산된다.

라. 대표적인 와인

토스카나의 대표적인 와인으로는 키안티(Chianti), 비노 노빌레 디 몬테풀치아노(Vino Nobile di Montepulciano), 부르넬로 디 몬탈치노(Brunello di Montalcino)등이 있다.

| 키안티 | 비노 노빌레 디 몬테풀치아노 | 부르넬로 디 몬탈치노 |

21. 템프라니요

가. 산지

템프라니요(Tempranillo)는 스페인의 대표 품종으로 스페인 중북부 리오하(Rioja)에서 자란다. '일찍'을 뜻하는 스페인 말 '템프라노'에서 유래되었다. 즉, 포도알이 다른 품종보다 일찍 익어서 수확시기가 빠르기 때문에 붙여진 이름이다. 보통 가벼운 레드 와인을 만들거나 가르나차와 함께 블랜딩해서 와인을 만들기도 한다.

나. 특징

리베라 델 두에로(Rivera del Duero)에서는 틴토 피노(Tinto Fino) 또는 틴토 델 파이스 (Tinto del Pais)라고 하며, 카탈루냐(Cataluña)에서는 울 데 예브레(Ull de Llebre), 발데 페냐스(Valdepeñas)에서는 센시벨(Cencibel)이라 부른다. 템프라니요는 아르헨티나에서는 템프라니야(Tempranilla)라고 한다.

다. 맛

템프라니오 와인은 카베르네 소비뇽과 피노누아의 중간적인 맛을 낸다. 와인은 색이 짙고, 딸기, 블랙베리, 블랙체리, 멀베리, 그리고 라즈베리 향을 내며, 버터, 담배, 자두, 코코아 풍미 등도 느낄 수 있다.

라. 대표적인 와인

미국에서는 복합미가 돋보이면서 세련된 스타일의 아메리칸 레전드, 레드 블렌드 (American Legend, Red Blend), 스페인에서는 풍부한 과일 향과 섬세한 산미, 곱고 풍부한 타닌이 묵직하게 입 안을 메우는 쿠엔타비나스(Cuentavinas)가 있으며, 호주에서는 경쾌하고 부드러운 질감은 목 넘김이 편하고, 가볍게 마시기 편한 퀸 오브 더 하이브(The Queen of the Hive)가 있다.

아메리칸 레전드   쿠엔타비나스   퀸 오브 더 하이브

22. 진판델

가. 산지

진판델(Zinfandel)은 크로아티아 원산이자 지금은 미국의 캘리포니아를 대표하는 와인용 품종으로 미국에서 가장 많이 재배되는 품종이다. 당도가 높아 알코올 함량도 높은 힘찬 와인을 만드는 포도로 특히 미국인의 사랑을 받고 있다.

나. 특징

진판델은 카멜레온 같은 품종이다. 화이트 와인에서 스위트한 포트 스타일의 와인까지 모든 스타일의 와인을 만들 수 있다. 포도알이 익는 속도가 한 송이에서도 제각각이라 수확이 어렵다는 문제점이 있지만 당도가 비할 데 없이 높기 때문에 알코올 함량이 무려 17도까지 올라갈 수 있다.

다. 맛

달콤하고 부드러운 맛에서 근육이 느껴질 정도로 힘찬 맛까지 다양한 맛을 자랑한다. 진판델로 만든 레드 와인은 당도가 상당히 높고 와인의 도수도 높은 편이며 잔당이 남아 약간의 단맛이 느껴지기도 한다. 그리고 매우 깊은 바디감과 블랙베리 같은 향이 나는 것이 특징이다.

라. 대표적인 와인

캘리포니아 센트럴 밸리에서는 대량 재배한 진판델의 껍질을 벗긴 다음에 뮈스카나 리슬링으로 향을 추가해 연한 핑크빛의 달콤한 화이트 진판델 와인을 만든다. 대표적인 와인으로는 미국에서는 스파이스한 아로마를 느낄 수 있으며 구조화된 탄닌이 우아한 세인트 프란시스 리저브 진판델(ST. FRANCIS Reserve Zinfandel), 육류에 어울리는 고급 마리에따 셀라(Marietta Cellars)가 있으며, 이탈리아에서는 구조화 된 탄닌으로 가득하고 복잡하고 균형잡힌 맛의 리파 디 소토, 진판델(Ripa di Sotto, Zinfandel)이 있다.

세인트 프란시스   마리에따 셀라   리파 디 소토
리저브 진판델

23. 말벡

가. 산지

말벡(Malbec)은 아르헨티나의 대표 레드 와인 품종이다. 예전에는 프랑스 남서부 지역 까오르(Cahor)지역에서 유래하여 보르도 지역에서 많이 재배했으나, 지금은 보르도에서는 블렌딩 품종으로 명맥을 유지하고 있으며 감소하는 추세다. 최근에 와서 칠레, 아르헨티나, 남아프리카공화국 등에서 널리 재배되고 있다.

나. 특징

말벡은 껍질이 두껍고 진한 색을 띠는데, 부드럽고 과즙이 많으며 산도가 낮은 포도이다. 추위에 약한 말벡은 보르도에서는 인기가 줄었지만, 신대륙 특히 아르헨티나를 대표하는 인기 품종으로 멘도사(Mendoza) 지역에서 생산되는 말벡이 가장 유명하다.

다. 맛

말벡은 거친 듯 풍부한 탄닌과 매콤한 듯 강한 맛의 말벡은 어두운 보라색에 가까운 와인으로 그릴 요리, 조림, 버섯 요리에 잘 어울린다. 자두 향이 물씬 풍기며 유연하고 안정된 와인의 맛을 보여 준다. 알코올이 높고 함유 성분도 많다.

라. 대표적인 와인

　말벡은 까베르네 쏘비뇽의 힘을 부드럽게 하는 블렌딩용으로도 많이 사용된다. 아르헨티나에서는 과일 및 바닐라 등의 복합적인 풍미와 함께 탁월한 밸런스의 산도가 완벽한 조화를 이루어 기분 좋은 맛을 선사하는 보데가 이 비네도스 산 폴로, 아우카 리저브 말벡(Bodega y Vinedos San Polo, Auka Reserva Malbec), 질감은 훌륭한 바디감을 주고 복잡한 구조의 목 넘김이 좋은 로렌조 데 아그렐로, 로벤디토 말벡(Lorenzo de Agrelo, LcBendito Malbec), 부드러운 질감, 자두, 허브, 바이올렛 같은 복합적인 맛을 가지고 있는 토렌조 데 아그렐로, 마르티르 말벡(Lorenzo de Agrelo, Martir Malbec), 호주에서는 모든 음식과 골고루 잘 어울리는 브라더스 인 암스, 사이드 바이 사이드 말벡(Brothers in Arms, Side by Side Malbec) 등이 있다.

| 보데가 이 비네도스
산 폴로 | 로렌조 데 아그렐로
로벤디토 말벡 | 로렌조 데 아그렐로
마르티르 말벡 | 브라더스 인 암스,
사이드 바이 사이드
말벡 |

24. 카르메네르

가. 산지

카르메네르(Carménère)는 오래된 보르도 품종으로 18세기에 까베르네 프랑과 함께 널리 재배되었다. 낮은 생산성과 열매를 맺는 데 실패하는 질병(Coulure)에 취약한 탓에, 보르도 지역이 필록세라 진드기로 황폐해진 후 자취를 감추었고 칠레에서 널리 재배된다. 어원은 진홍색을 의미하는 카르민(Carmin)이다. 포도 잎이 낙엽이 되기 직전 붉게 변하기 때문에 지어진 이름이라고 한다. 이름처럼 이 포도 품종으로 만든 와인은 진하고 선명한 진홍색을 띤다. 특히 따뜻한 칠레 내륙의 분지에 위치한 포도밭에서 고품질 와인이 만들어진다.

나. 특징

카르메네르는 대표적인 만생종으로 카르메네르는 두꺼운 껍질에 일찍 싹이 트고 매우 늦게 열매가 익는다. 주로 카베르네 소비뇽, 메를로와 블렌딩 되며, 그 비중은 상당하다. 알마비바, 세냐와 같은 고품질 와인에서도 카베르네 소비뇽 다음으로 비중이 높다.

다. 맛

부드럽고 산미가 낮다. 과일 향이 풍부하며 매콤한 향과 초콜릿, 시가, 오크 향 등이 나며 여운은 길게 남는다. 카베르네 소비뇽을 근육질 남성에 비유한다면 카르메네르는 우아한 여성에 비유할 수 있으며, 대부분의 음식과 조화를 이룬다.

라. 대표적인 와인

카르메네르로 만든 대표적인 와인은 미디엄 바디로 매력적이고 부드러운 구조감을 지니고 있고, 입안에서 비단결같이 부드러운 질감 좋은 라윤 까르미네르(Rayun Carmenere), 후추 향이 오크향과 훌륭하게 조화를 이루고 부드러운 탄닌과 스모키한 뒷 맛이 오랫동안 지속되는 에쿠스 까르메네르(Equus Carmenere), 알파카 카르메네르(Alpaca Carmenere) 등이 있다.

라윤 까르미네르   에쿠스 까르메네르   알파카 까르메네르

제5장

WINE

생산지에 따른 와인의 종류

1. 와인을 위한 포도 재배 조건

　사람들은 기원전 6,000년경부터 와인을 만들어 왔으며, 지금에 이르고 있다. 그러나 와인을 만들기 위해서는 포도가 생산되어야 하는데 포도는 지구 전체에서 생산되는 것이 아니라 일정한 조건을 가져야만 생산이 가능하다.

　와인을 제조하기 위한 포조가 재배되기 위한 조건은 먼저 성장을 촉진하는 따뜻한 날씨와 포도나무가 쉴 수 있는 추운 계절이 있어야 한다. 토양은 자라나는 포도에 영양분을 공급해야 하지만, 영양분이 너무 많으면 오히려 포도가 약간 상하는 결과를 초래한다. 또한 햇빛이 충분히 있어야 하는데, 햇빛도 너무 많아도 안 된다. 그래서 지구상에서 와인을 위한 포도 재배에 가장 이상적인 환경은 북반구와 남반구의 위도 30°에서 50°에서 사이에서만 모든 기준을 충족할 수 있다.

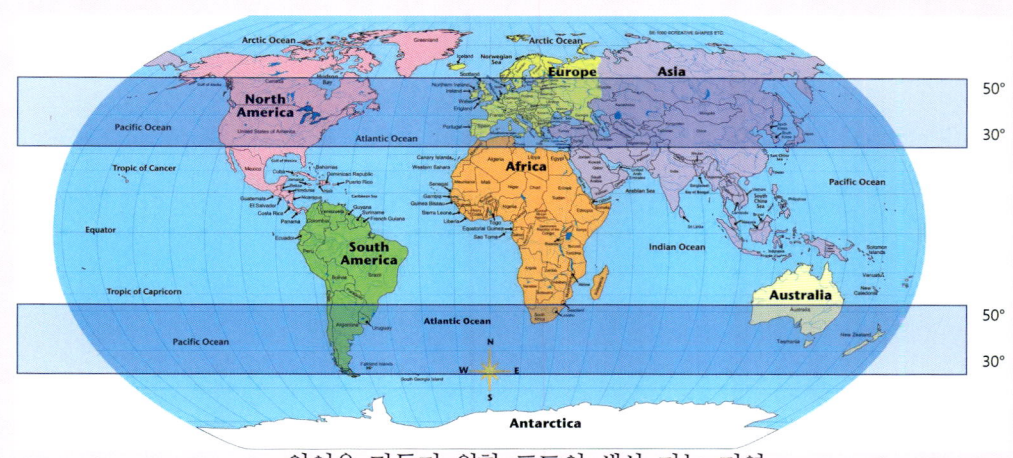

와인을 만들기 위한 포도의 생산 가능 지역

　와인의 생산과 포도의 재배는 크게 유럽을 중심으로 하는 구세계와 유럽에서 전파된 다른 나라인 신세계로 나뉘며, 포도의 재배 조건을 보면 다음과 같은 특징을 가지고 있다.

　위치는 남 북위 30~50에서만 가능하며, 월평균기온은 15~30℃ 사이며, 연평균 강수량 500~800mm이다. 지형은 평지에서 언덕, 구릉 지대까지 가능하다. 그리고 서늘한 기후가 있는 경사진 면과 햇빛을 잘 받는 곳이 좋다.

포도는 기온에 민감하여 겨울에 추위가 심하면 포도나무 둥지와 뿌리에 막대한 피해를 입게 된다. 그리고 봄에 서리가 내리면 꽃봉오리와 어린싹에 피해를 주어 수확에 큰 해를 끼친다. 가을에 추위가 심해지면 포도알의 성장을 막아 포도의 결실을 방해하므로 수확에 손실을 준다. 또한 홍수 후에 더위가 심해지면 흰색 가루 곰팡이가 생기거나, 귀부병에 걸려 피해를 입는다.

1) 기후

포도를 재배기 좋은 지역의 기후를 나누어 보면 크게 해양성 기후, 지중해성 기후, 대륙성 기후 등으로 나눌 수 있다.

① 해양성 기후

해양성 기후는 여름은 따뜻하며 짧고, 가을은 건조하고 햇빛이 많고, 겨울은 온화하지만 길다. 이른 봄에 뒤늦게 내린 서리가 포도나무에서 새순이 돋아나는 것을 방해하는데, 이는 포도 수확량에 큰 영향을 끼친다. 주요 지역으로는 프랑스 보르도, 르와르 일부 등이 있다.

② 지중해성 기후

지중해성 기후는 여름은 기온이 높고 건조하며, 겨울은 온화하고 습도가 높다. 와인 생산에 적합하지만, 포도의 당도가 너무 높아지거나 신맛이 적어 질 수가 있다. 지중해성 기후의 주요 지역으로는 지중해 연안의 스페인, 프랑스, 이탈리아, 캘리포니아, 칠레, 남아공 등이 있다.

③ 대륙성 기후

대륙성 기후는 중부 유럽의 내륙으로 여름과 겨울의 기온 차가 심하다. 주요 지역으로는 프랑스 부르고뉴, 샹빠뉴, 알자스, 독일, 스페인 라만차 등이 있다.

2) 토양

토양은 척박한 땅일수록 좋은 포도를 만든다. 그래서 포도를 석회석, 진흙, 자갈, 모래, 암반 지형에서도 경작하는 와이너리가 많다.

자갈 토양은 낮 동안 태양의 열을 받아 간직했다가 밤에 다시 발산함으로써 포도나무의 생장에 적합한 지열 조정역할을 한다.

진흙(Clay) 토양에서는 포도나무 뿌리 쪽에서 수분이 완전히 빠져나가는 것을 막아주며, 필요에 따라 뿌리에 수분을 공급해 주는 역할을 한다.

프랑스 보르도 메독의 자갈 지역

프랑스 보르도 뽀므롤의 진흙 지역

프랑스 남부 론 샤또네프 뒤 파프 지역의
자갈 지역

3) 떼루아(Terroir)

떼루아(Terroir)는 포도밭의 특징을 지어 주는 자연적 요소의 전반을 의미한다. 즉, 토양, 자연환경, 위치, 경사, 포도밭의 방향, 기후, 산지 자체의 미세 기후 등과 같은 요소들의 통합적인 영향을 뜻한다.

- 석회질의 토양은 레몬 향과 지속적인 신맛을 지니게 한다.
- 이회암이 많은 토양은 와인의 맛을 강하게 하며, 후추 맛이 나게 한다.
- 점토는 탄닌의 떫은 맛을 강화시킨다.
- 편암은 가늘고 간결한 맛을 화산암은 입안 가득 느껴지는 풍만함, 스모키함과 짠 맛을 준다.

2. 프랑스

　와인은 전 세계 약 50여 개국에서 생산되고 있으며 그중에서도 프랑스, 이태리, 독일, 스페인, 포르투칼, 미국, 호주, 칠레 등이 명산지로 꼽힌다. 그중에서 종주국이자 대표격인 프랑스 와인을 만들기에 가장 좋은 지형과 토양, 기후 등 최적의 자연조건을 갖추고 있다. 그래서 농산물 중에서 와인의 비율이 10%이며, 레드 와인이 약 60%를 차지하여, 세계 최고의 와인 생산량을 자랑한다.

프랑스에서 유명한 생산지역으로는 1) 보르도(Bordeaux) 지역, 2) 부르고뉴(Bourgogne) 지역, 3) 상파뉴(Champagne) 지역, 4) 발레 뒤 론(ValléeduRhone) 지역, 5) 알자스(Alsace) 지역, 6) 발 드르와르(ValdeLoire) 지역, 7) 프로방스(Province) 지역, 8) 랑그독-루시용(Languedoc-Roussillon) 지역, 9) 남서부지방(Sud-Quest), 10) 쥐라-사부아(Jura-Savoie) 등이다.

가. 보르도(Bordeaux) 지역

1) 특징

보르도라는 말의 어원은 '물의 가장자리' 즉 '물가'이다. 프랑스 남서부에 위치한 보르도시 주변으로 북쪽으로 지롱드강이 흐르고 있다. 보르도는 대서양 기후의 영향으로 연평균 온도가 12.5℃로 온화하며 강수량은 연간 850mm로 포도 재배에 적합한 곳이다.

토질도 포도 재배에 적당하기 때문에 좋은 품질의 와인이 많이 생산된다. 나지막한 구릉지로 이루어진 이곳은 연간 100,000헥타르의 포도원에서 약 700만 헥토리터의 와인을 생산하여 단일 포도원으로는 세계 최대 규모의 재배 단지이다. 주로 레드 와인을 생산하고 있고, 일부 지역에서는 소량의 품질 좋은 화이트 와인을 생산하고 있다.

2) 자연 환경

보르도 지역은 일조량은 연간 1,600시간 이상이며 연 평균기온은 10℃ 이상으로 기후 조건은 포도를 생산하기에 아주 이상적인 날씨를 가지고 있다. 그리고 여름은 화창하고 따뜻하며, 가을은 건조하고 햇빛이 많으며, 겨울은 온화하며, 큰 일교차가 특징이다. 이러한 일교차는 한낮의 높은 기온은 포도의 당분을 높여주고 서늘한 밤공기는 신맛이 줄어드는 것을 방지하는 효과를 주고 있다. 포도가 익기 위해서는 높은 기온도 필요하지만, 깊은 맛과 적절한 신맛이 나는 훌륭한 와인을 생산하기 위해서는 서늘한 기온이 필요하다.

3) 주요 와인 생산지역

보르도 지역에서는 메독(Medoc), 그라브(Graves), 생떼미리옹(Saint-Emilion), 뽀므롤(Pomerol) 지역이 유명하며, 여기서 생산된 와인들은 세계적으로 유명하다.

4) 대표 와인

브로도에서 생산되는 대표적인 와인은 샤토(Chateau), 메독(Medoc; 오래 숙성 시키지 않고 빨리 마셔버리는 가벼운 맛의 레드 와인), 오메독(Haut-Medoc; 바닐라 향이 있는 레드 와인), 뽀이약(Pauillac; 강한 부케 향이 있는 묵직하고 입안에 여운이 오래 남는 좋은 레드 와인), 마고(Margaux; 부드럽고 은은한 부케향이 있으며 섬세하고 우아한 레드 와인) 등이 있다.

| 샤토 | 메독 | 오메독 | 마고 |

| 생쥴리앙 | 그라브 | 생떼밀리옹 | 뽀므롤 |

그리고 생쥴리앙(Saint-Julien; 힘이 있고 강한 남성적인 레드 와인), 그라브(Graves; 강인하고, 복잡미묘한 향이 있는 생동감이 있는 화이트 와인), 생떼밀리옹(Saint-Emilion; 송로향이 있는 강인하고 깊은 맛이 있는 짙은 붉은 색의 레드 와인), 뽀므롤(Pomerol; 강인하고 묵직한 입안에 여운이 오래 남는 벨벳 색의 레드 와인으로 아주 독특한 향이 있는 와인)등이 유명하다.

샤토(Chateau)의 원래 의미는 프랑스어로 '성'을 의미한다. 그래서 라벨에 '성'이 그려지거나 왕실의 문장이 그려진 것들이 많다. 중세 프랑스에서 와인을 만들던 곳은 수도원과 함께 귀족들의 영지인 성이었다. 프랑스대혁명 이후에는 이런 성들이 대체로 신흥 계층인 부르주아 손에 넘어가면서 와인을 생산하기도 하였다. 그래서 지금은 별다른 큰 의미가 있다고 보기는 어렵고 그냥 영어로 '와이너리'이며, 우리나라 말로 하면 양조장이라고 할 수 있다.

따라서 와인 명에 샤토(Chateau)란 단어가 들어가면 와이너리라고 보면 된다. 예를 들어 스위트 와인의 대명사로 꼽히는 샤토 디캠은 디캠이라는 이름을 가진 와이너리를 말한다.

각 나라마다 양조장을 의미하는 용어들이 있는데, 예를 들어 스페인에서는 '보데가'라는 단어가 붙으며, 이탈리아에서는 카스텔로, 테누타, 까사, 비냐 등의 단어가 와이너리와 같은 의미로 쓰인다.

2) 부르고뉴(Bourgogne) 지역

1) 특징

보르도와 함께 프랑스 최고의 와인 생산지인 부르고뉴 지방은 프랑스 동부의 북쪽에서 남쪽으로 흐르는 론강 주위의 약간 높은 산지를 말한다. 부르고뉴 지역을 영어토는 버건디(Burgundy)라고 하며, 이 지역의 와인은 단일 품종의 와인만을 사용하여 만든다.

부르고뉴 지역은 대륙성 기후로서 겨울은 춥고 여름은 덥다. 특히 겨울철과 봄철 서리 피해가 가끔 나타난다. 이로 인해 겨울의 추위 정도와 초봄의 서리 일수에 따라 그 해 작황이 결정된다.

2) 자연 환경

포도밭이 위치한 고도도 가장 서리 저항성이 큰 고도인 해발 200~250m 사이의 낮은 구릉지대에 형성이 되어 있으며, 햇빛도 최대한 늦게까지 받을 수 있는 곳에 위치하고 있다. 대체로 토질이 척박하고 경사면으로 된 디종에서 리옹 사이의 론강 양쪽 계곡의 높은 산지에서 생산되고 있다. 높은 산지에서 생산되는 와인은 산도와 알코올이 보르도 지역의 것보다 조금 높아 보르도 와인과 비교해 남성적인 와인으로 불리운다.

3) 주요 와인 생산지역

부르고뉴 지역에서도 샤브리(Chablis), 꼬트 도오르(Cotes d'Or), 마꼬네(Maconnais), 보졸레(Beaujolais), 론 벨리(Rhone Vally) 지역에서 생산된 와인이 유명하다.

4) 대표 와인

부르고뉴 지역에서 생산되는 대표적인 화이트에는 메르퀴레 블랑(Mercurey Blanc), 윌리엄 페브르 샤블리(William Fevre Chablis) 레미 조바르 뫼르소(Remi Jobard Meursault)가 있다.

메르퀴레 블랑   윌리엄 페브르 샤블리   레미 조바르 뫼르소

레드 와인으로는 뉘당 부르고뉴 피노누아(Nudant, Bourgogne Pinot Noir), 앙또냉 귀용, 꼬뜨 드 본 빌라쥐(Antonin Guyon, Cote de Beaune Villages), 메르퀴레 프르미에 크뤼(Mercurey 1er Cru 'Clos des Myglands, 르네 부비에(Rene Bouvier), 알베르 모로 본 프리미에 크뤼(Albert Morot, Beaune 1er Cru), 부샤 빼레 에 피스(Bouchard Pere & Fils,), 즈브레 샹베르땅(Gevrey-Chambertin) 등이 있다.

| 뉘당 부르고뉴 | 꼬뜨 드 본 빌라쥐 | 메르퀴레 프르미에 크뤼 |

르네 부비에　　알베르 모로 본 프리마에 크뤼　　부샤 빼레 에 피스

3) 샹파뉴(Chanmpagne) 지역

1) 특징

샹파뉴(Chanmpagne) 지역은 프랑스 동북부의 와인 생산지이며 샴페인은 그곳에서 생산하는 스파클링 와인을 말한다. 샴페인은 샹파뉴의 영어식 발음이며, 파리(Paris) 동쪽으로 약 160m 떨어진 샹파뉴에서 만든 스파클링 와인에만 붙이게 되어 있다.

한정된 생산지에 만들기도 까다롭고 세계 각국에서 많은 사람이 원하는 샴페인은 당연히 가격이 비싸다. 그래서 샴페인은 부귀와 미식의 상징이면서 사치와 허영의 상징이기도 하다. "샴페인을 너무 일찍 터트렸다."라는 말은 너무 빠른 성공으로 오만하게 굴다가 졸지에 망한 사람과 국가를 비웃을 때 종종 사용되기도 한다. 샹파뉴는 중세 초기부터 고급 와인 생산지로 좋은 평판을 쌓아 올렸고, 이런 평가는 큰 샴페인 하우스가 생겨서 스파클링 와인을 만들기 시작한 17~18세기까지 계속 이어졌다.

2) 자연 환경

샹파뉴 지역은 기온이 상당히 낮아서 가을철에 포도 주스가 완전히 발효되기도 전에 날씨가 추워진다. 겨울에는 춥고 봄에는 서리가 자주 내린다. 샹빠뉴 지역은 늦서리 문제, 개화기의 비, 바람, 우박 등의 영향으로 수확기가 9월 초에서 10월 중순 등으로 일정치 않고 연평균 강수량은 650mm, 연평균 온도는 11℃쯤 된다.

약 26,000헥타르의 면적과 년평균 1,900,000헥토리터의 와인을 생산하는 지역이며 여기에서 만든 와인을 흔히 말하는 샴페인이라고 부른다. 마른느강이 지나고, 지층은 백악질 토양이며, 대륙성 기후 등이 조합되어 훌륭한 와인을 만들게 한다. 화이트 샴페인은 샤르도네, 레드는 피노 누아르로 생산된다.

3) 주요 와인 생산지역

샹파뉴 지역의 포도 산지는 4개의 주요 지역으로 구분된다. 먼저 랭스(Reims) 산악 지역에서 강렬하고 풍성한 맛을 가진 피노 누아(pinot noir) 품종이 생산된다. 마른(Marne) 계곡에서 생산되는 피노 뫼니에(pinot meunier) 품종은 로제 샴페인에 과일 향을 더해준다. 에페르네(Épernay) 남쪽에 있는 코트 데 블랑(Côte des Blancs) 산지의 백악 토양에서는 우아한 샤르도네(chardonnay) 품종이 생산되고 있다. 마지막으로 온화한 기후의 코트 데 바(Côte des Bar) 산지에서 좀 더 가벼운 느낌의 피노 누아 품종이 나오고 있다.

4) 대표 와인

　상파뉴 지역에서 생산되는 대표적인 와인은 돔 페리뇽(Dom Perignon; 007 시리즈의 제임스 본드가 볼랭저와 함께 종종 주문하던 샴페인이자 좋아하는 샴페인), 뵈브 클리코(Veuve Clicquot), 골든블랑(Golden Blanc; 아르망 드 브리냑과 같은 황금색 병이 특징인 제품), 볼랭저(Bollinger; 제임스 본드가 즐겨 마셔 유명한 180년이 넘는 역사를 가진 명문 상파뉴 메종), 루이 로드레(Louis Roederer; 황제의 샴페인이라 불리며 샴페인 애호가들에게 사랑과 동경의 대상이 되고 있는 와인), 테탕제(데탕저)(Taittinger; 샤도네의 함량이 높아 특히 여성들에게 크게 어필하는 부드러운 샴페인) 등이 있다.

돔 페리뇽　　　　　뵈브 클리코　　　　　골든블랑

볼랭저　　　　　루이 로드레　　　　　테탕제

4) 발레 뒤 론(ValléeduRhone) 지역

1) 특징

발레 뒤 론은 프랑스에서 보르도 다음으로 큰 제2의 와인 산지이며 세계에서도 성장세를 유지하고 있는 생산지이다. 특히 국내 와인 전문가들이 발레 뒤 론 와인을 한식과 가장 잘 어울리는 와인으로 꼽히면서 국내에서도 최근 인기가 높아졌다.

2010년 이후로 발레 뒤 론 와인의 한국을 시작하여 최근 년 사이에 226% 증가하고 수출 금액으로는 147% 상승하여 괄목할만한 성장을 이루고 있으며 국내 프랑스 와인 중 점유율 2위로 자리매김하고 있다.

2) 자연 환경

사계절 부는 북풍 미스트랄(Mistral)이 공기를 정화시키고 포도를 잘 익게 해주어 자연적 친환경 재배가 가능한 곳. 풍부한 일조량으로 밤에도 기온이 쉽게 내려가지 않아 당도 높은 포도가 자라는 곳. 그 열기를 머금은 '태양의 와인'이 탄생하는 곳이 바로 발레 뒤 론의 남부지역이다.

석회질 토양에 덤불 숲, 올리브나무와 각종 허브들이 가득한 식물의 세계인 남부지역은 지속적인 일광 덕분에 일조량이 높아 지중해성 기후를 가지고 있다. 이러한 자연 조건은 21가지의 포도 품종 재배를 가능케 해 프랑스 내에서도 품종의 개수로는 단연 으뜸이다.

3) 주요 와인 생산지역

발레 뒤 론 지역에서는 비엔 Vienne(리옹 남부)부터 아비뇽 Avignon까지 퐁 뒤 갸르(Pont du Gard)부터 뤼베롱(Luberon)까지 론(Rhône)강을 따라 13개의 와이너리가 형성되었다.

4) 대표 와인

발레 뒤 론에서 생산되는 대표적인 와인은 그르나쉬(Grenache), 무르베드르(Mourvedre), 시라(Syrah)와 쎙쏘(Cinsault)를 블랜딩하여 빚은 이곳의 와인은 뀌베 플루레또(Cuvee Floureto), 뀌베 두씨넬로(Cuvee Doucinello)와 뀌베 아잘라이스(Cuvee Azalais) 등이 있다.

| 그르나쉬 | 무르베드르 | 시라 | 쎙쏘 |

| 뀌베 플루레또 | 뀌베 두씨넬로 | 뀌베 아잘라이스 |

5) 알자스(Alsace) 지역

1) 특징

　알자스(Alsace) 지역은 프랑스 북동부에 위치하고 있으며, 유럽 전체에서 보면 유럽의 중심부에 속한다. 독일과 국경을 접하고 있는 알자스 지방은 항상 영토 확장을 위한 전략적인 지역으로 평가되었으며, 포도 산지에 있는 여러 성채들은 알자스의 복잡한 전쟁 역사를 보여준다. 이 지역은 프랑스와 독일 문화의 혼재하여 프랑스의 다른 지역과는 확연히 다른 음식문화를 갖게 되었고 이는 와인 품질에도 많은 영향을 끼쳤다. 와이너리의 이름에도 프랑스식 레옹 베예(Leon Beyer)와 독일식 바인바흐(Weinbach)가 혼재한다. 알자스 와인은 신선한 과실 향이 풍부하고 맑으며 뛰어난 맛으로 알려져 있다.

　1959년 법적 규정으로 알자스의 모든 와인은 플룻병(Flute)에 담기는데 병의 모양은 길게 형성된 와인 산지와 와인 골격의 모습, 산미를 모두 아우른다. 알자스 와인은 독특하게 레이블에 품종을 표시하는데 이 경우 100% 한 품종으로 생산되었음을 의미한다.

　세계 100여 개국으로 수출하고 있는 알자스 지역은 7개의 다양한 화이트 품종의 와인과 피노 누아로 만든 레드 와인으로 와인 애호가들의 사랑을 받고 있다.

2) 자연 환경

알자스(Alsace) 지역의 포도 산지는 도시 외곽에 포도밭이 넓게 펼쳐져 있으나, 반대로 와인 셀러는 성벽으로 둘러싸인 마을 안쪽의 성채에 자리하고 있다. 안전한 성벽을 통해 와인 셀러를 보호하고 포도 생산 토양을 보호하기 위해 이러한 성벽을 설치했다. 알자스(Alsace) 지역은 모자이크처럼 짜인 13가지의 다양한 토양과 뛰어난 기후 조건에서 그 성공 요인을 찾을 수 있다. 보쥬산맥을 넘은 바람은 푄 현상을 일으키며 건조한 공기가 되어 습기로 인한 피해를 막고 뛰어난 풍미를 지닌 포도로 자라게 한다. 그리고 알자스(Alsace) 지역의 화강암의 토양은 과실 향이 풍부하며 중간 정도의 신맛을 지닌 와인을 만든다.

3) 주요 와인 생산지역

알자스지방에는 51개 그랑 크뤼 와인 산지가 있으며, 웅장한 전망이 보이는 보쥬산맥 아래 해발 200~400m 높이의 가파른 언덕에 펼쳐져 있다. 구획이 엄격하게 관리되는 그랑 크뤼 산지의 다양한 토양에서 뛰어난 품질의 포도가 생산되고 있으며, 그림처럼 아름다운 풍경도 함께 선사한다.

4) 대표 와인

알자스지방을 대표하는 와인에는 실바네르(Sylvaner; 알자스에서 가장 많이 재배되는 심플한 와인으로 신선하고 가벼우며 시트러스와 금방 자른 풀 향기를 지닌 와인으로 갈증 해소에 도움이 됨), 피노 블랑(Pinot Blanc; 샤르도네의 대체 품종으로 좋은 품종으로 알자스 와인을 배우기 시작할 때 마시면 좋은 균형의 상징인 와인), 뮈스까(Muscat; 향이 좋고 풍만하여 신선한 포도를 와락 깨문 듯한 느낌을 주는 와인으로 드라이하게 만들어지며 섬세한 산도를 지니고 있다. 식전주로 마시거나 아스파라거스와 함께할 때 이상적인 와인), 리슬링(Riesling; 떼루아 표현력이 좋은 최고의 와인으로 강직한 산미로 음식과 잘 어울리며 음식의 맛을 끌어내기 때문에 식도락을 위한 궁극의 와인), 피노 그리(Pinot Gris; 복합적인 향이 풍부하고 기름지며 산미와 알코올의 균형이 뛰어나 육류와 매칭할 수 있을 만큼 힘이 있는 와인), 게브르츠트라미너(Gewurztraminer; 복합적인 향이 풍만한 와인으로 오일리한 질감과 낮은 산도가 특징이며, 향이 다소 강한 아시안 음식과 잘 어울리는 와인), 피노 누아(Pinot Noir; 오크통 숙성을 하지 않아 과실 풍미가 잘 드러나는 붉은 과실 향의 레드 와인) 등이 있다.

실바네르

피노 블랑

뮈스까

리슬링

게브르츠트라미너

피노 누아

3. 이탈리아

　이탈리아는 세계에서 와인 생산국으로 가장 중요한 지역 중의 하나로 포도 재배면적으로는 세계 3위, 생산량은 프랑스와 근소한 차이로 1, 2위를 다투는 와인 대국이다. 이탈리아는 길게 뻗은 국토의 특징으로 언덕과 산악지대와 바다로 둘러싸여 있으며, 기후는 북부는 서늘한 대륙성 기후, 남부로 내려갈수록 따뜻한 지중해성 기후의 특징을 보인다.

　와인의 향기와 맛의 다양성은 믿기지 않을 정도로 광범위하고 포도가 재배되는 지형적인 위치에 따라 중요한 연관을 가지게 된다. 그래서 다른 나라와 마찬가지로 남부로 갈수록 과실 향이 진해져 검은 과일 향이 나고 색상도 진해진다.

전반적으로 이탈리아 화이트 와인은 타지역에 평균적으로 산도가 높아 지역별로 와인의 맛이 강하고 다양한 편이다. 이탈리아의 주요 와인 생산지는 1) 발레 다오스타(Valle d'Aosta), 2) 피에몬테(Piedmonte), 롬바르디아(Lombardia), 3) 트렌티노 알토 아디제 (Trentino Alto Adige), 4) 베네토(Veneto), 5) 토스카나(Toscana), 6) 마르케 등이 있다. 이탈리아의 경우 최고의 와인에는 DOCG 등급을 부여하며, 고급 와인에는 DOC와 같은 등급 체계를 부여해 병목 부분에 스티커 형태로 표시하고 있다.

1) 발레 다오스타(Valle d'Aosta)

1) 특징

발레는 이탈리아 말로 계곡을 뜻하는 것으로 발레 다오스타는 다오스타 계곡이라는 의미다. 발레 다오스타는 알프스산맥에 둘러싸인 산악 지방으로, 프랑스 국경에 있는 몽블랑산도 이 주에 있다. 알프스산맥을 넘어 프랑스와 스위스로 통하는 도로와 철도가 있으며, 관광업이 발달해 있다. 계곡의 약간 낮은 지대에서는 농업과 목축업도 이루어진다.

발레 다오스타는 이탈리아 20개 와인 생산지 중 가장 작은 곳으로 알프스산맥의 서쪽에 위치하며 대륙성 기후로 춥고 여름도 짧다.

2) 자연 환경

발레 다오스타는 산악 지형이라 해가 드는 시간이 짧다. 그래서 햇빛이 잘 드는 산비탈 양지에 포도밭이 몰려있다. 계곡이다 보니 양지가 바른 포도밭은 900m, 어떤 곳은 1,000m까지 올라간다. 현재 주 전체 포도밭 면적은 52헥타르며 60%는 산에 35%는 언덕에 분포되어 있다.

3) 주요 와인 생산지역

발레 다오스타 지역에서는 레드, 화이트, 로제 와인을 모두 생산하며 토레트(Torrette), 샹바브(Chambave), 앙페르 다르비에(Enfer d'Arvier), 아르나-몽조베(Arnad-Montjovet) 지역이 유명하다.

4) 대표 와인

발레 다오스타에서 생산되는 대표적인 와인은 쁘띠 아르빈(Petit Arvin), 부르고뉴루즈비건(BourgogneRouge Vegan), 도멘시몬비즈(DomaineSimon Bize), 쁘띠 루즈(Trévallon Rouge), 푸민(Fumin), 프레메타(Premetta), 라뷔씨에르(La Bussière), 레뻬릭에르(Les Perrières) 등이 있다.

| 쁘띠 아르빈 | 부르고뉴루즈비건 | 도멘시몬비즈 | 쁘띠 투즈 |

| 푸민 | 프레메타 | 라뷔씨에르 | 레뻬리에르 |

2) 피에몬테(Piedmonte)

1) 특징

피에몬테는 '산기슭에 있는 땅'이라는 의미이다. 이탈리아 북서쪽에 위치하며, 북쪽으로는 스위스, 서쪽으로는 프랑스와 국경을 접하고 있다. 이름이 나타내듯 이 지역은 산과 구릉이 많다. 포도밭은 대부분 해발 150~4,000m의 산 중턱에 있고 평지의 포도밭 비율은 5%가 채 안 된다. 58,000핵타르의 산지에 35,000여 개의 포도원이 있는 이탈리아 최고의 와인 산지다.

2) 자연 환경

피에몬테 주요 언덕의 토양 성분과 크기는 다양한데, 예전에 이곳이 바다였던 관계로 지형 붕괴나 과격한 침식 작용에 의해 생긴 모래와 자갈 성분이 뭉쳐서 생긴 비교적 지름이 큰 입자의 토양과 점토, 미사, 이회토 등과 같이 입자가 작은 토양이 서서히 쌓여서 형성된 퇴적 토양으로 구분된다.

포 계곡(Po Valley) 주변에서 가장 많은 포도들이 재배된다. 대륙성 기후로 알프스산맥으로 인한 '비 그늘 효과(Rain Shadow Effect)'를 누린다. 주된 토양은 석회질이 많이 포함된 이회토(Calcareous Marl)와 사암(Sandstone) 토양이다.

3) 주요 와인 생산지역

피에몬테 지역에서는 유명한 DOCG지역으로는 아스티(Asti Spumante, Moscato

D'Asti), 바르바레스코(Barbaresco), 바롤로(Barolo), 가비(GavI), 가티나라(Gatinara), 바르베라 다스티(Barbera d'Asti) 등이 있다.

4) 대표 와인

피에몬테 지역에서는 네비올로(Spanna; 지역 방언으로 Sori라고도 불림) 품종으로 만든 와인들이 유명하다. 이외 품종으로는 과일 맛이 풍부하고 타닌이 강한 살짝 달다라는 뜻을 가진 돌체토(Dolcetto), 피에몬테에서 가장 많이 재배하는 산도가 높고 부드러운 타닌의 맛이 아는 바베라(Barbera), 가장 전형적이며 일반적이면서도 최고의 스파클링 와인인 모스카토(Moscato), 드라이 스타일 와인으로 양조하며, 와인은 감귤류의 간단한 풍미에 산도가 높은 가벼운 스타일의 코르테제(Cortese), 재배가 쉽지 않아서 양이 적으며 단순 솔직함이 주는 매력인 아르네이스(Arneis), 무더위를 이탈리아의 바람처럼 상큼하게 느끼게 해주는 에르바루체(Erbaluce), 입안에서는 섬세하고 기분 좋은 드라이 한 맛을 보여 주는 랑게 파보리타(Langhe Favorita) 등의 품종이 있다. 80년대 이후로는 까베르네 소비뇽, 샤르도네, 메를로, 쉬라, 소비뇽 블랑 등의 국제품종도 재배하기 시작했다.

돌체토   바베라   모스카토   코르테제

아르네이스   에르바루체   랑게 파보리타

3) 롬바르디아(Lombardia)

1) 특징

롬바르디아는 피에몬테 동쪽의 포강 유역에 있는 이탈리아 최대의 평원 지대다. 와인보다 곡물 농업이 중심이며 이탈리아 최대의 곡창지역으로 주로 벼농사를 지으며, 다양한 채소들과 치즈와 포도주 등을 생산한다. 롬바르디아는 세 개의 주요 포도 재배지역으로 나누어지는데 스위스 알프스에 의해 형성된 북쪽의 호수 지역, 피에몬테와 이웃해 있는 남서쪽 지역, 아다강 (Adda Rive)에 의해 동서로 나누어진 동쪽 지역이다.

북쪽으로 베로나의 프레 알프스, 비첸사의 돌로미티로 둘러싸인 베로나 언덕이 서서히 내려오면서 포강과 아드리아해의 끝에 위치한 기름진 평원에 이른다.

롬바르디아에서는 이탈리아에서 가장 품질 좋은 발포성 와인을 생산하는 프란치아코르타(Franciacorta)가 있다. 롬바르디아 지역에는 현재 20개의 DOCG와 12개의 포도원이 있다.

2) 자연 환경

주요 와인 생산지는 포강 중류의 밀라노시를 중심으로 북쪽의 알프스산맥 경사지를 따라 넓게 퍼져있다. 서쪽으로 마죠레, 코모, 이세오, 가르다 호수가 알프스 산록을 끼고 발달했으며, 이 호수에서 흘러내리는 강물이 포강 상류로 흐르면서 강 유역에 포도밭에 영향을 준다.

지역에서 가장 좋은 와인은 아다강이 흘러내려 형성된 북쪽에서 생산된다. 발텔리나(Valtellina) 위로는 스위스 국경이 있으며 경사가 심하기 때문에 항상 그늘이 진다. 밑에서 보면 거의 수직으로 보이는 포도원에서 발텔리아 와인이 생산된다.

3) 주요 와인 생산지역

세 개의 주요 포도 재배지역으로 나누어지는데 스위스 알프스에 의해 형성된 북측의 호수 지역, 피에몬테와 이웃해 있는 남서쪽 지역, 아다강(Adda River)에 의해 동서로 나뉘진 동쪽 지역이다. 발텔리나(Valtellina) DOC, 스포르자토(Sforzato) DOCG, 올트레포 파비제 메토도 클라시코(Oltrepo Pavese Metodo Classico) 등이 유명하다.

4) 대표 와인

롬바르디아에서 생산되는 대표적인 와인은 발텔리나(Valtellina Superiore; 아벤나스카를 95% 이상 써서 최소 2년간 숙성한 와인), 미네랄과 사과 풍미를 적절한 강도와 무게로 전해주는 피노 블랑(Pinot Blanc), 피노 블랑보다는 가벼운 바디감에 바삭한 산미를 지닌 피노 비앙코(Pinot Bianco), 섬세하면서 강인한 맛을 내는 피노 네로(pinot nero), 샴페인을 모방한 최초의 스파클링 와인으로 유명한 프란치아코르타(Franciacorta), 브레시 지방에서 생산하는 스파클링 와인 브레시아(Brescia), 은은한 과일 향에 중성적인 허브향이 풍기고 아몬드 맛이 나는 루가나(Lugana), 말린 포도로 만드는 아마로네 스타일의 와인 스포르짜노(Sforzato) 등이 유명하다.

발텔리나	피노 블랑	피노 비앙코	피노 네로
프란치아코르타	브레시아	루가나	스포르짜노

4) 트렌티노 알토 아디제(Trentino Alto Adige)

1) 특징

트렌티노 알토 아디제는 이탈리아 북동부에 위치하고 오스트리아와 접해 있다. 지리적으로는 산악지역에 속해 있다. 이곳에서는 프랑스와 독일의 전통적인 레드, 화이트 포도 품종들이 재배된다.

트렌티노 알토 아디제는 이탈리아 와인의 품질을 향상시키고 판매를 촉진하고 품질의 표준을 정하는 데 가장 노력한 지역이기 때문에 이탈리아에서 가장 매력적이고 믿을 만한 가벼운 맛의 와인을 생산한다. 이곳은 다. 이탈리아 와인 수출의 절반 정도가 이곳에서 이루어지며 독일과 오스트리아가 주 고객이다.

DOCG는 없지만, 전체 생산량의 75% 이상이 DOC 등급이다. 알토 아디제(Alto Adige) DOC는 프랑스 품종이 많이 재배되는 지역으로 생산량이 많다.

2) 자연 환경

트렌티노 알토 아디제는 해발 1,000미터의 알프스 산기슭 경사진 언덕에 포도밭이 계단식으로 조성되어 있다. 볼자노(Bolzono)와 메라노(Merano) 사이에 있는 아디제 계곡 윗부분이 화이트 와인을 생산하는 가장 좋은 지역이다.

강 건너 서남쪽을 향한 급경사 지역에서 피노 블랑(Pinot Blanc)과 쏘비뇽(Sauvignon) 포도가 자라며 숙성되면 와인은 스위트해지고 강건해지나 약간 쓴맛이 이 지역의 독특한 맛이라고 할 수 있다. 산타 마달레나(Santa Maddalena)는 눈 덮인 알프스가 보이는 경사가 심한 언덕에서 자란다.

3) 주요 와인 생산지역

트렌티노 알토 아디제 지역에서는 볼자노(Bolzono) 부근의 알토 아디제, 실바너(Sylvaner), 트라미너(Traminer), 리슬링(Reisling), 피노 블랑(Pinot Blanc), 피노 그리지오(Pinot Grigio) 등의 지역이 유명하며, 여기서 생산된 와인들은 세계적으로 유명하다.

4) 대표 와인

트렌티노 알토 아디제의 대표적인 와인으로는 색이 진하고 스파이시한 테롤데고(Teroldego), 색이 진하고 강렬한 와인인 라그레인(Lagrein), 알코올 도수가 높은 마르체미노(Marzemino), 블렌딩용으로 좋은 람브루스코(Lamburusco), 특히 가볍고, 아몬드 향에 스파이시한 스키아바(Schiava=Vernatsch), 멜르로로 만든 레드 와인 카스텔레르(Casteller) 품종이 유명하다.

테롤데고

라그레인

마르체미노

| 람브루스코 | 스키아바 | 카스텔러르 |

5) 베네토(Veneto)

1) 특징

베네토는 이탈리아 북동부에 있는 롬바르디아의 동부에 있으며, 포·아디제·브렌타·피아베 등의 하천이 형성한 비옥한 충적평야를 차지하는 중요한 농업지대이다. 이탈리아 북동부에 위치한 베네토는 아름다운 물의 도시 베네치아 이외에 와인으로도 유명하다.

베네토에 있는 바르돌리노(Bardolino) DOC에서는 발폴리첼라의 서쪽에 위치, 최소 알코

올은 10.5%, 과일 향이 많은 레드, 로제, 스파클링 와인을 생산한다.

2) 양조 방법

베네토는 아마로네(amarone)라는 와인으로 유명한데 포도를 건조시켜 당도를 농축시키는 아파시멘토(appassimento) 방식을 통해서 양조된 와인을 말한다. 아파시멘토 방식으로 수확한 포도를 전통방식 또는 건조실 등에서 3~4개월 정도를 자연 바람을 맞으며 말린다. 바람이 안좋으면 대형 선풍기로 맞춰주는 등 세심하고 말리면 건포도가 된다. 말린 포도로 와인을 만들면 응축된 단 맛과 복합적인 풍미가 생긴다.

3) 포도 품종

베네토에서 생산되는 대표적인 포도 품종은 꼬르비나(Corvina), 론디넬라(Rondinella), 몰리나라, 네그라라 품종을 블렌딩하여 양조하는데 로제 와인일 경우 바르돌리노 키아레토(Chiaretto)라는 이름으로 생산한다.

3) 대표 와인

베네토에서 생산되는 대표적인 와인은 높은 산미와 추가 탄닌을 제공하기 위해 블렌딩한 꼬르비나(Corvina), 보디감이 제법 묵직하며 여운이 남는 감벨라라(Gambellara), 전통 방식으로 탄산을 갖도록 양조한 고급 와인인 프로세코 슈페리오레(Prosecco Superiore), 코넬리아노 발도삐안데네 프로세코(Conegliano Valdobbiandene Prosecco), 아솔로 프로세코(Asolo Prosecco) 등이 있다.

| 꼬르비나 | 론디넬라 | 프로세코 슈페리오레 | 코넬리아노 발도삐안데네 프로세코 |

6) 토스카나(Toscana)

1) 특징

토스카나주는 이탈리아 북서쪽에 있으며, 비옥한 평야를 지닌 토스카나주는 농업 용도로 사용되는 구릉 지대가 두드러진다. 구릉 지대는 토스카나주 전체의 3분의 2를 차지하며, 대부분이 아르노강 계곡 일대에 있다.

2) 자연 환경

토스카나는 전반적으로 건조하며 해양성 기후의 특징을 가지고 있다. 기후는 겨울과 여름 사이 상당한 기온 차와 함께, 해안지역은 꽤나 온화하고, 내륙은 습하고 비가 자주온다. 그러나 중기후(Meso Climate)의 다양한 차이는 서로 다른 스타일의 와인들을 생산한다. 시에나 남부의 몬탈치노(Montalcino)는 다른 지역보다 건조하고, 몬테풀치아노(Montepulciano)는 좀 더 내륙 쪽에 위치하고 있어서 연교차가 큰 대륙성 기후의 특징을 보여 준다. 토양 성분도 세부 지역과 고도에 따라서 비슷하지만 다양하다. 이태리에서 고급 와인들을 가장 활기차게 생산하는 생산자들이 통합된 지역으로 끼안띠(Chianti)는 수 세기 동안 인기를 끌었다.

모든 다른 레드 와인 품종들의 성공적인 재배로 그 지역의 명성을 더욱 높이기 위하여 새로운 화이트 품종을 개량하여 생산하였다. 끼안띠는 이태리 최고 와인으로 평가되고 있다. 이 와인은 가장 많은 수량으로 생산이 되며 아주 넓은 범위로 팔리고 있다.

3) 주요 와인 생산지역

  토스카나 와인은 시에나(Siena)와 플로렌스(Florence) 주변 중앙 언덕에 위치한 끼안띠에서 시작하였다. 그러면서 급속도로 지중해 연안을 따라 알려지지 않았던 포도원까지 퍼지게 되었다. 전통 레드 와인을 만드는 끼안띠, 부루넬로 디 몬탈치노(Brunello di Montalcino)와 까르미그냐노(Carmignano) 등은 모두 DOCG 등급의 와인들이다. 베르나차(Vernaccia) 품종은 산 지미냐노(San gimignano)에서 많이 재배한다. 마렘마(Maremma)의 해안가 포도밭에서는 지중해 품종인 베르멘티노(Vermentino)가 좋은 품질을 보여 주고 있다.

4) 대표 와인

  토스카나 지역을 대표하는 와인에는 이탈리아의 와인 중 대중적으로 가장 유명한 와인 키안티(Chianti), 이탈리아의 2대 와인으로 1980년에 이탈리아에서는 처음으로 DOCG등급을 받은 와인인 부르넬로 디 몬탈치노(Brunello di Montalcino), 탈리아 전통 포도 품종에 얽메이지 않고 국제적인 맛을 가진 비싼 와인 슈퍼 투스칸 와인(Super-Tuscan wines) 등이 있다.

키안티

부르넬로 디 몬탈치노

슈퍼 투스칸 와인

4. 포르투갈

    포르투갈은 세계 7위의 와인 생산국이지만 한동안 그 품질을 제대로 인정받지 못하고 있었다. 포트 와인으로 유명하고 세계 최대의 로제 와인 수출국이 되어 포르투갈은 생산의 절반은 영국과 프랑스, 미국, 독일에 수출하고 있다.

    포르투갈의 레드 와인은 서양 자두, 바닐라, 초콜릿 향이 복합적으로 어우러져 과일 향이 풍부하면서도 부드럽고, 그러면서 약간 시큼한, 매우 독특한 풍미를 지니고 있다. 이렇게 독특한 맛을 지니고 있는 것은 포르투갈 토종 품종으로 와인을 만들기 때문이다. 보통 라벨에 포도 이름을 표기하지 않는데 고급 레드 와인에 사용되는 토우리가나셔널, 바가, 텬타 로리츠(템프라니요)는 라벨에 표기하고 있다.

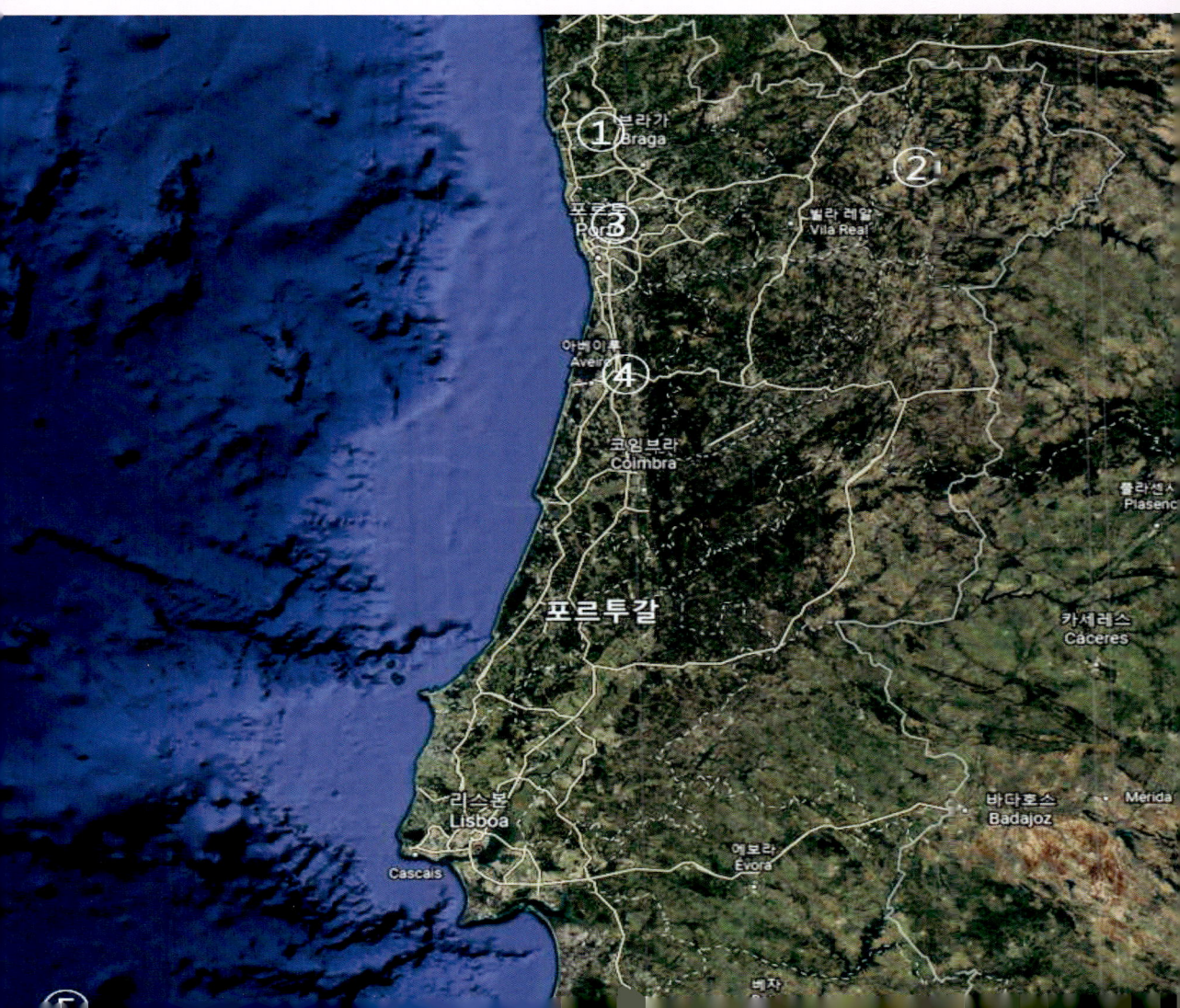

1) 비뉴 베르드(Vihno Verde)

1) 특징

비뉴 베르드 지방은 포르투갈의 북서부 지역에 있으며, 토양은 대부분 화강암 또는 사토질로 되어 있다. 기온은 온화하고 다습하여 포르투갈의 최대 포도주 생산지역이다. 와인의 맛은 포도를 완전히 익기 전에 수확하므로 신선하고 그린(Green) 향이 난다. 비뉴 베르드는 포르투갈의 대표적인 화이트 와인 생산지다.

2) 품종

레드 와인 품종은 아잘 틴도(Azal tinto)와 에스파데이(Espadeiro)이며, 화이트 와인용 품종은 루레이로(Loureiro), 트라자두라(Trajadura), 아잘 브라노(Azal Brano) 등으로 양조하며 알코올 도수는 8.5~11.5%이다.

3) 대표 와인

비뉴 베르드 지방을 대표하는 와인에는 '녹색 와인'이라는 뜻을 가지고 청량한 초록빛, 싱그러운 산미, 은은한 탄산, 낮은 알코올 도수로 유명한 비뉴 베르드(Vihno Verde), 포르투갈의 가볍고, 산뜻하고 신선한 까보 다 로까 비뉴베르드(Cabo da Roca Vinho Verde), 어린 포도로 양조한 와인 까잘 가르시아((Casal Garcia), 가볍고 섬세하며, 산미가 있는 카스카스 (Cascas) 등이 있다.

| 비뉴 베르드 | 까보 다 로까
비뉴베르드 | 까잘 가르시아 | 카스카스 |

2) 도우루(Porto) 지방

1) 특징

도우루는 포루투갈의 북동쪽에 위치하고 있으며, 특히 도루 강 유역에서 생산하는 포트 와인이 유명하다. 포트는 세계적인 디저트 와인으로 발효 중간에 브랜디를 부어 발효를 중지시키므로 단맛이 많이 남아 있고 알코올 농도가 높은 와인이 된다. 루비 포트(Ruby port)는 색깔이 진하고 신선한 생동감이 있으며, 토니 포트(Tawny port)는 청포도가 많이 들어가 색깔이 연하고 부드러운 맛을 가지고 있으며, 빈티지 포트(Vintage port)는 20~30년 이상 병에서 숙성시킬 수 있는 고급 와인이다.

두오루 지역의 테이블 와인 산업이 성장하면서 와인 수출이 증가했고, 이 지역의 해운 운송업자들 또한 크게 성장했다. 이 지역의 화이트 와인은 디르크 니에푸르트가 생산하는 레도마 블란코(Redoma Branco)을 제외하고는 많이 알려지지는 않았지만 1950년 이후로 고품질의 화이트 와인이 생산되고 있다.

2) 자연 환경

도오루 뽀르뚜의 포도 생산은 도우루강 계곡에서 이루어지고, 면적은 30만 헥타르를 넘는다. 기후는 겨울에 혹독하게 춥고 바람이 매서우며 여름은 매우 덥다. 토양은 암반 지대로 되어 있어 포도를 재배하는 사람들은 바위를 부수고 포도를 심는 매우 척박한 땅이다.

3) 주요 와인 생산지역

디르크 니에푸르트(Dirk Niepoort)는 이 지역의 와인 산업 발전에 큰 기여를 했다. 값비싼 최고급 와인 생산하는 니에푸르트는 이 지역 와인 생산자들이 단결할 수 있도록 했다.

4) 대표 와인

도우루(Porto) 지방을 대표하는 와인에는 청포도가 많이 들어가 색깔이 연하고 부드러운 맛을 가진 토니 포트(Tawny port), 바르까 벨랴(Barca Velha), 두아스 낀따스 레제르바(Duas Quintas Reserva), 낀따 도 꼬또 그란데 에숄라(Quinta do Côtto Grande Eschola) 등이 있다.

| 토니 포트 | 바르까 벨랴 | 두아스 낀따스 레제르바 | 낀따 도 꼬또 그란데 에숄라 |

3) 다웅(Dao) 지방

1) 특징

다웅 지역은 포르투갈 북부의 다웅강 유역에 있으며 오래된 성장이 있는 작은 도시인 비세우(Viseu)를 중심으로 포도밭들이 있다. 이 지역에서는 비뉴 마두로스(Vinho Maduros) 품종을 주로 생산하고 있다. 향이 좋고 깊은 맛에 색상이 진한 레드 와인과 쓴맛이지만 나쁜 냄새가 없는 화이트 와인을 생산한다.

2) 자연 환경

포르투갈에서 가장 높은 이스트렐라산맥의 서늘한 고원 지대에서 생산되기 때문에, 낮은 온도에서 천천히 숙성된다. 포도단지는 대게 200~5000의 고지대에 위치하고 있으며, 화강암 토질로 되어 있다. 포르투갈의 중심지로 와인의 맛은 탄닌 성분이 높고, 드라이하며 중후한 향과 맛을 지니고 있다.

3) 제조 방법

포르투갈 와인의 중심지이며, 중후한 향과 맛을 지니고 있다. 와인인 경우 여러 품종을 혼합하나 최소한 20%의 투리가 나시오날(Touriga Nacional)를 사용하여 양조는 대부분 협동조합에서 하고 있다. 레드는 부르고뉴, 화이트는 알사스 타입이다. 오래 숙성한 고급 레드 와인은 '르제르바스'라고 표기한다.

4) 대표 와인

다웅 지방을 대표하는 와인에는 상큼한 산미와 질감에 깊이 있는 복합미까지 우수한 화이트 와인 카사 데 산타르(Casa de Santar), 비냐 마리아 다웅 콜헤이타 틴토(Vinha Maria Dao Colheita Tinto), 너무 무겁지도 가볍지도 않으면서 오크향, 바닐라향이 나는 비냐 마리아 리세르바 틴토(Vinha Maria Reserva Tinto), 잘 익은 과일들의 살아있는 듯한 아로마들을 가진 진한 레드 와인인 깔라브리가 다웅(Callabriga, Dao) 등이 있다.

카사 데 산타르

비냐 마리아 다웅
콜헤이타 틴토

비냐 마리아
리세르바 틴토

깔라브리가 다웅

4) 바이하다(Bairrada) 지방

1) 특징

바이하다(Bairrada)는 포르투갈 센트루 지방(중부지방)에 있는 지역으로, 아게다와 코임브라 사이에 있는 작은 포도주 산지다. 바이하다 포도주 산지에서 재배되는 포도 품종으로는 바가, 비칼, 페르낭 피르스 등이 있다. 깊은 과일 향과 밝은 색깔의 레드 와인을 생산한다. 내륙 이웃인 다옹(Dão)이 누리는 명성 수준에는 도달하지 못한다.

2) 자연 환경

바이하다는 바다 근처에 있기 때문에 기후는 일반적으로 대서양이며 겨울은 온난하고 비가 내리며 여름은 선선한 편인데, 이 기후는 포도의 산도가 유지되며 신선함을 부여한다. 포도원의 대부분은 석회암이 풍부한 점토 토양을 가지고 있다. 점토질 토양에서 적포도주와 백포도주 및 발포성 포도주가 생산되는데, 특히 발포성 포도주의 65%가 이곳에서 생산된다.

4) 대표 와인

바이하다 지방을 대표하는 와인에는 노사 칼카리오 비카(Nossa Calcario Bica), 니에포르트 포에리뉴 바가(Niepoort Poeirinho Baga), 니에포트 냇 쿨 드링크 미(Niepoort Nat

Cool Drink Me) 등이 있다.

노사 칼카리오 비카

니에포르트 포에리뉴 바가

니에포트 냇 쿨 드링크 미

5) 마데이라섬(Madeira)섬

1) 특징

마데이라섬(포르투갈어: Ilha da Madeira)은 포르투갈령 마데이라 제도의 섬 중 하나이다. 유명한 디저트 와인은 마데이라(Madeira)로, 대서양에 있는 마데이라섬에서 생산되는 와인이다.

마데이라는 아열대에 속하는 기후에 화산으로 이루어진 섬에서 만든 와인으로, 와인을 오랜 시간 가열하여 누른 냄새를 배게 만든 다음 브랜디를 첨가하기 때문에 포트 와인과 같은 주정 강화 와인이면서도 스위트하기만 한 것이 아니라 끝맛이 드라이하고 톡 쏘면서 새큼한 맛을 지녔다.

2) 자연 환경

마데이라섬은 열대 해양성 기후로 높은 강우량과 연중 평균 온도는 섭씨 21~22℃, 7월에도 비교적 시원하고, 12월 조차 춥지 않고 온화하다. 그래서 포도병 곰팡이와 병충해의 위협은 지속적으로 포도 재배에 위협이 된다. 산이 많은 화산섬의 지형은 경작이 어려워 인공 테라스에 포도밭을 심는다.

토양은 붉은색과 갈색의 현무암으로 되어 있으며, 테라스로 재배를 하기 때문에 기계적인 수확과 장비의 사용은 거의 불가능하기 때문에 포도를 재배하는 데 많은 비용이 든다.

3) 대표 와인

마데이라섬은 연중 온화한 기온이라 포도가 한창 생리적으로 성숙해야 할 여름에도 온도가 별로 오르지 않아 힘들고, 다음 해를 위해 휴지에 들어가야 할 겨울엔 온도가 높아 나무들을 제대로 쉬지 못하게 부담을 주기 때문이다. 따라서 포도가 생리적으로 성숙하거나 완숙하기 어렵다는 것은 와인을 만드는 데 최악의 조건이다.

마데이라를 양조하는 과정은 그 악조건을 극복하고 맛있는 와인을 만들려는 노력으로 주정 강화를 선택하였다. 주정강화는 마데이라를 만드는 과정의 핵심은 알코올을 첨가하여 만든 것이다. 대표적으로는 세르시알(Sercial), 베르델료(Verdelho), 보알(Boal), 말바지아 (Malvasiay), 틴타 네그라 몰레(Tinta Negra Mole) 등이 있다.

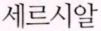

세르시알   베르델료   보알   말바지아

5. 스페인

1) 특징

스페인은 세계에서 가장 넓은 면적의 포도밭(115만 헥타아르)을 보유하고 있으며, 세계 3위의 와인 생산국이다. 스페인은 국토 전체의 높이가 평균 약 650m로 유럽에서 두 번째의 고지대 국가로서 포도 재배지역은 대체로 600~1,000m 높이에 있다. 따라서 스페인의 포도 농원들은 고원을 둘러싸고 있는 산악 지형으로 되어 있으며, 기후와 토질은 석회와 편암과 점토 등으로 되어 있다. 이처럼 포로를 재배하기 위한 환경조건이 불리하여 프랑스나 이탈리아에 비하여 생산량은 많지 않다.

2) 자연 환경

스페인의 중부 지역은 대륙성 기후로 여름에는 평균 30℃ 이상으로 아주 덥고 겨울에는 평균 온도 4℃로 상당히 춥다. 강수량도 연간 500mm로 아주 적어서 포도 재배에 좋지 못한 기후이다. 지중해 해안 쪽 지역과 포르투갈 국경 지역은 바다에서 불어오는 바람으로 상당히 선선한 와인은 주로 여기서 생산된다.

스페인은 이탈리아만큼 와인의 역사가 깊고 8세기경 이슬람교도들이 스페인을 지배할 때 소아시아의 다양한 포도 품종이 유입되었다. 스페인을 지배할 때 소아시아의 다양한 포도 품종이 유입되었다.

지중해 해안 쪽 지역과 포르투갈 국경 지역은 이탈리아와 마찬가지로 기후와 토양 조건이 포도를 키우기 적절하여 전국적으로 포도가 재배되며, 테이블 와인에서 강화 와인, 스파클링 와인(에스프모소)까지 다양한 와인을 생산하고 있다.

3) 주요 와인 생산지역

와인의 주산지는 북부의 리오하를 비롯하여 중부 내륙의 고원 라만차(La Mancha) 지역, 그리고 북동부 해안의 페네데스(Penedes) 지역이다. 잘 알려진 스페인 와인으로 셰리(Sherry)가 있는데 셰리는 별 볼 일 없는 화이트 와인을 다시 발효시켜 만든 셰리는 세계인의 입맛을 돋구는 식전주로 유명하다. 스페인의 주요 와인 생산지는 헤레스 지방, 리오하 지방, 까딸루냐 지방 등이 있다.

4) 대표 와인

스페인을 대표하는 레드 와인으로는 템프라니요(Tempranilo; 섬세하고 좋은 향으로 스페인산 와인에서 쉽게 찾아볼 수 있는 품종), 가르나차 틴타(Garnacha Tinta; 스페인 북부 지역에서 재배된 와인), 그라시아노(Graciano; 장기숙성에 적합한 특징을 갖으며, 그란 레세르바(Gran Reserva)에 주로 블렌딩한 와인), 모나스트렐(Monastrell), 카리녜나(Carinena) 등이 있다.

화이트 와인으로는 아이렌(Airen; 스페인에서 가장 수확량이 많은 품종이며, 스페인 중부 지역에서 재배된 와인), 마카베오(Macabeo), 말바시아(Malvasia), 가르나초 블랑코(Garnacho Blanco), 팔로미노(Palomino), 페드로 히메네스(Pedro Ximénez) 등이 있다.

| 템프라니요 | 가르나차 틴 | 모나스트렐 | 카리녜나 |

| 아이렌 | 마카베오 | 말바시아 | 가르나초 블랑 |

6. 독일

1) 특징

독일은 기원전부터 켈트족이 와인을 생산했던 것으로 추정되며 기원후 1세기경에는 로마인에 의해 본격적인 와인 양조가 독일 땅에서 시작됐었다. 독일은 과거 로마 군인들에 의해 와인이 전파된 이후 중세 시대까지 최고의 절정기를 누렸던 와인의 나라다.

2) 자연 환경

와인 생산국 중 가장 북쪽에 위치(북위 52° 부근)하지만 북대서양 난류의 간접 영향을 받기 때문에 포도 재배가 가능하다. 여름이 짧고 기온이 비교적 낮고 일조량이 많지 않기 때문에 강이나 호수의 온실 효과와 햇빛의 반사를 받기 위해서 주로 강가의 가파른 언덕에 포도밭이 조성되어 있다. 남부지역은 상당히 넓은 평지와 구릉지에 포도원이 있으나, 북부 지역은 대체로 경사가 급한 지역에 계단식으로 포도를 재배한다. 독일은 날씨가 춥고 일조량이 부족한 기후 특성상 포도의 당분 함량이 낮고 산도가 높아서 맛이 산뜻하다.

독일은 프랑스나 다른 유럽 산지에 비해 인지도가 떨어지는 편이지만, 그래도 기후와 토양 여건이 좋은 곳에서는 대규모 포도밭과 양조장이 잘 운영되고 있다. 특히 라인강 상류와 중류 쪽에서 양질의 화이트 와인이 생산되며, 다소 씁쓸한 맛이 강한 모젤 와인과 잘 숙성된 맛을 느낄 수 있는 라인 와인으로 크게 구별된다. 그리고 서리를 맞아 당도가 응축된 포도로 만든 아이스와인의 원조이기도 하다.

화이트 와인을 만들고 있으며 도수가 낮고 약간 단맛이 있는 리슬링 와인이 유명하다. 1980년대까지 생산되는 90%가 화이트 와인이었으나, 프렌치 패러독스 이후 30% 정도가 레드 와인으로 생산되고 있다.

3) 대표 와인

레드 와인으로는 슈패트부르군더(Spätburgunder), 도른펠더(Dornfelder), 포르투기저 (Portugieser), 슈바르츠리슬링(Schwarzriesling), 트롤링어(Trolinger), 렘베르거(Lemberger) 등이 유명하다. 슈패트부르군더는 피노 누아(Pinot Noir)의 독일어 명칭으로 딸기, 버찌, 나무딸기, 블랙커런트 등의 붉은 과실류의 아로마와 오크통에서 숙성되는 슈페트부르군더 와인은 바닐라, 계피 아로마와 조화를 이룬다.

화이트 와인으로는 리슬링(Riesling), 뮐러-투르가우(Mühler-Thurgau), 실바너 (Silvaner), 바이스부르군더(Weiß burgunder), 케르너(Kerner), 엘블링(Elbling) 등이 있다.

템프라니요	가르나차 틴	모나스트렐	카리녜나
아이렌	마카베오	말바시아	가르나초 블랑

07. 미국

1) 특징

　미국은 최고의 와인을 생산하는 국가들 중의 하나이다. 미국의 와인은 처음에는 뉴욕주에서 제조되기 시작했으나, 사람들이 황금을 찾아 서부로 대 이동하여 캘리포니아에 정착하면서 이곳에서 와인 산업이 발달하기 시작했다. 미국의 뉴욕이 있는 동부는 대륙성 기후로서 겨울이 너무 추워 포도 재배에는 그다지 적합하지 않았다. 이에 비하여 서부 해안지방의 캘리포니아는 포도 재배에 이상적인 기후를 가지고 있었다. 실제로 태평양 연안의 캘리포니아는 맑은 날이 많아 일조량이 풍부하고 겨울에도 별로 춥지 않아 포도가 자라기 좋은 기후다.

　미국 토종 포도는 겨울의 강추위에 대한 내성은 강하지만 이상한 냄새가 나기 때문에 와인 제조용으로는 적합하지 않다. 따라서 미국의 와인 제조용 포도는 대부분 유럽에서 들어온 품종이거나 미국에 자생하는 토종 포도의 개량종이다. 미국에서는 광활한 지역에서 자율적으로 와인을 생산하다 보니 생산성이 높고 보다 현대인의 감각에 맞는 와인을 생산할 수 있는 장점이 있다.

2) 자연 환경

캘리포니아의 기후와 토양은 좋은 유럽 포도 품종이 자라는 지역과 자연환경이 비슷하여 고급 레드와 화이트 와인에 들어가는 포도를 재배할 수 있는 이상적인 환경을 가지고 있다. 이러한 미국의 포도 재배 환경 덕분에 대량의 포도를 생산할 수 있어서, 양질의 와인을 생산하여 유럽 와인에 비해 저렴하고 좋은 품질로 알려지게 되었다.

미국 와인 재배지들은 1983년에 처음으로 토양과 기후에 따라 지역의 명칭(appellation)을 와인의 이름에 첨부하는 것을 구체화하였다. 따라서 미국산 와인의 이름에는 와인이 생산된 지명과 포도의 품종을 병행하도록 하였다. 예를 들어 미국에서 생산되는 샤블리, 버건디 그리고 포트라는 유럽식 이름에 생산지역 명칭(appellation)을 표기하여 '캘리포니아 샤블리'라고 표기하게 되어있다.

유럽종 포도 중에서 화이트 와인용 샤르도네는 미국의 기후와 토양에 잘 적응하였으나, 레드 와인용인 피노 누와는 성공하지 못했다. 이러한 문제점들을 극복하기 위해 미국의 와인 제조업자들은 토종 포도와 유럽 포도를 접붙여서 미국의 기후에 알맞고 품질이 좋은 포도를 생산했다. 그 가운데 대표적인 품종으로는 화이트 와인용 세이블 블랑(Seyval Blanc)과 레드 와인용인 바코누아(Baco Noir)등이 있다.

3) 주요 와인 생산지역

미국 와인의 약 90%가 캘리포니아에서 생산된다. 캘리포니아의 나파벨리(Napa Valley), 소노마 컨츄리(Sonoma County) 그리고 다른 좀 더 추운 지역인 북부 해안지역에서는 미국 최고의 와인들이 생산된다. 까베르네 소비뇽과 샤도네들이 가장 유명하고 그다음으로 소비뇽 블랑, 피노누아가 유명하다.

캘리포니아에서 거의 독점적으로 생산되는 진판델은 전통 유럽식 포도들과 대등하게 생산이 된다. 캘리포니아 와인들은 좀 더 높은 알코올을 함유하고 있고 유럽지역의 와인들에 비해 포도 품종에 따른 향과 맛이 좀 더 뚜렷하게 표현되는 경향이 있다.

캘리포니아 포도원은 크게 3개 지역으로 나뉘는데 샌프란시스코 북쪽 해안에 위치한 나파 밸리(Napa Valley)와 소노마 카운티(Sonoma County)지역, 캘리포니아 중부 내륙의 산죠퀸 밸리(San Joaquin Valley), 그리고 남부 해안지역의 몬트래이 카운티(Monterey County)와 산타 클라라(Santa Clara)가 있다.

캘리포니아에서는 미국에서 생산되는 와인의 약 90%가 생산되며 그중에 약 80%는 중부 내륙의 산죠퀸 밸리 지역에서 생산된다. 나파 밸리와 소노마 카운티의 비중은 약 10%에 불과하지만, 고급 와인은 대부분 이곳에서 생산된다. 이외에도 뉴욕, 워싱턴, 오레곤과 텍사스주가 포도 생산지로 유명하다.

4) 대표 와인

미국은 다양한 종류의 양질의 와인들을 생산하고 있는데 특히 화이트 와인으로는 오렌지 마말레이드의 다채로운 아로마와 함께 촘촘한 레이어의 풍부한 맛을 즐길 수 있는 샤르도네(Chardonnay)와 프랑스 포도 품종으로 만든 꽃 향과 높은 산미를 지닌 소비뇽 블랑(Sauvignon Blanc) 등이 있다.

레드 와인으로는 아로마가 향기로운 이 와인은 입 안에서 검은 과실의 맛과 프렌치 오크의 가벼운 터치에서 느껴지는 토스티한 맛이 매력적인 까베르네 소비뇽(Cabernet Sauvignon), 입 안에서는 초콜릿, 가죽의 풍미에 부드러운 미각과 긴 여운을 주는 메를로(Merlot), 열기를 좋아하는 품종으로 알코올 도수가 14% 이상일 때, 포도가 지닌 풍미를 극대로 풍기는 진팔델(Zinfandel)이 유명하다. 품질 좋은 스파클링 와인들도 생산된다. 유명한 와인 메이커로는 볼리에 빈야드(Beaulieu Vineyard), 로버트 몬다비(Robert Mondavi), 샤토 세인트 장(Chateau St. Jean)등을 꼽을 수 있다. 그리고 2022년 바이든 미국 대통령이 참여한 한미정상회담 만찬에 나파밸리에서 생산한 '바소 2017년', '샤또 몬텔레나 샤도네이'를 선택했다.

| 샤르도네 | 까베르네 소비뇽 | 진팔델 | 바소 2017년 |

08. 호주

1) 특징

호주는 오세아니아 대륙이면서 사방이 바다로 둘러싸여 있다. 북으로 티모르해(Timor Sea)와 아라푸라해(Arafura Sea), 카펀테리아만(Gulf of Carpentaria)이 있고, 동으로 코럴해(Coral Sea)와 태즈먼해(Tasman Sea), 서쪽과 남쪽으로는 인도양이 있다. 지역적으로 차이는 있으나 대체로 여름은 덥고 겨울은 상당히 온화한 기후이다.

호주는 19세기부터 유럽에서 포도를 도입하여 영국에 수출하면서 발전하였다, 요즘은 동북아시아권에 와인을 수출하고 있다. 1970년대까지만 해도 달콤한 디저트 와인과 값싼 테이블와인을 주로 생산했으나, 1980년대부터 펜폴즈 그랑지와 같은 고급 와인들을 생산하여 국제적인 명성을 가지게 되었다. 현재 호주는 세계에서 인정하는 좋은 품질의 와인을 생산하는 국가로 빠르게 발전하고 있다. 최근에 새로운 양조 기술을 도입하여 더욱더 좋은 품종의 포도와 와인들을 생산하고 있다.

2) 자연 환경

호주는 대륙이라 땅이 워낙 넓어서 지역마다 온도 차이가 많지만, 호주의 기후는 미국 캘리포니아와 비슷한데 연중 평균 온도가 14℃ 정도이다. 강수량은 연간 약 600mm로 포도 재배에 적당한 조건이다. 토질은 지역에 따라 다르지만 대체로 석회암, 모래, 양토, 점토 등의 토질이고 쿤나와라(Coonawara) 인근의 토양의 색깔은 붉은색으로 테라 로사(Terra Rosa)라고 부르는 토질이며 이곳의 심층토는 석회암 등으로 포도 재배에 적합하다.

3) 주요 와인 생산지역

호주의 주요 포도 재배지역은 뉴사우스 웨일즈(New South Wales)의 약간 서늘한 지방인 남부지역, 빅토리아(Victoria)와 호주 남부지역으로 해면의 가장자리에 위치하여 둥근 아치 모양을 이룬다.

호주 와인들은 와인 지역을 라벨에 명시하지는 않는다. 그러나 좋은 와인을 만드는 유명한 지역들이 많다. 대표적인 주요 와인 생산지역으로는 클레어/워터베일(Clare/Watervale). 무레이 벨리(Murray Valley), 훈터 벨리(Hunter Valley) 그리고 쿠나와라(Coonawarra) 지역들이 있다.

호주에서 생산되는 와인은 국가 차원에서 코르크 대신에 스크류 캡을 쓰길 권하기 때문에 소주 뚜껑 같은 스크류 캡이 달린 와인이 많다.

4) 대표 와인

　호주의 대표적인 레드 와인으로는 퀸스랜드의 화강암 지대부터 태즈메이니아의 타마계곡에 이르기까지 이 나라만큼 다양한 테루아에서 다양한 스타일의 시라/쉬라즈(Syrah/Shiraz), 두 가지 품종을 혼합해 보랏빛이 감도는 빛나는 검붉은 색이 매력적인 고급 와인 까베르네 소비뇽(Cabernet Sauvignon)등이 있다.

　화이트 와인으로는 길고 달콤하고 미묘함이 입맛에 남고, 산도감이 끝까지 유지되는 세미용(Semillon)과 미네랄과 분명한 산미를 보여 주는 귀한 와인인 샤르도네(Chardonnay) 등이 있다.

쉬라즈　　　까베르네 소비뇽　　　세미용　　　샤르도네

09. 뉴질랜드

1) 특징

　뉴질랜드는 신세계 와인 생산국 중 가장 늦게 와인을 생산하기 시작하여 뉴질랜드의 와인 역사는 매우 짧다. 1819년 호주에서 건너온 영국인 선교사에 의해 영국에서 가져온 포도나무가 뉴질랜드에 최초로 심어졌다. 이로 인해 미사를 위한 포도 재배가 시작되었지만 와인은 만들지 않았다.

　이후 1839년 호주에 포도나무를 전파한 제임스 버즈비가 최초로 와인을 제조했으나 병충해, 기술 부족, 금주법 등으로 와인 산업은 발달하지 못했다. 특히 금주법 때문에 와이너리는 호텔에서만 와인을 판매할 수 있었고, 일반 소비자에게 판매는 금지되었다. 그러다가 1960년대부터 레스토랑에서의 와인 판매가 허가되었다.

　1980년대 중반까지는 뉴질랜드에서 생산한 와인은 자체적으로 소모하다가 최초로 와인 수출을 시작하였다. 특히 소비뇽 블랑은 매우 명성이 높으며 1980년대 이후 국제대회에서 높은 수상을 하면서 국제적으로 인정을 받게 되었다.

1988년에는 100여 개에 불과하던 와이너리가 1998년에는 300개 가까이 증가했고, 포도밭도 40% 이상 늘어났다. 1986년부터는 혁신적으로 정부에서 주관하여 신품종을 들여오고, 생산량도 급격하게 늘어나고 있다. 현재는 세계 11위의 와인 수출국이 되어 주목받는 신흥 와인 생산국이 되었다.

뉴질랜드는 환경 보존을 잘해서 살아있는 자연환경을 가지고 있으며, 풍부한 관광자원으로 유명하다. 뉴질랜드는 청정지역의 느낌이 살아있는 화이트 와인을 주로 생산하고 있다.

2) 자연 환경

뉴질랜드는 포도 생산국가 중 가장 남단에 있으며, 포도가 숙성하는데 적합한 해양성 기후로써 양질의 포도와 와인이 생산되는데 적당한 비와 강한 햇살로 천혜의 자연조건을 갖춘 포도 재배지역이며 와인 생산지이다. 특히 기후가 섭씨 10~12℃ 정도이고 여름철에는 섭씨 30도 정도이며 연간 강수량은 700~1,000mm 정도여서 화이트 와인의 생산에 아주 좋다.

뉴질랜드는 햇볕이 강한 해양성 기후로 호주보다는 서늘하지만 비교적 온난한 기후로 화이트 와인의 재배와 양조에 매우 좋은 자연환경을 가지고 있다. 뉴질랜드는 온화한 해양성 기후의 영향을 받아 강한 태양과 서늘한 바닷바람은 해안가에 위치한 포도원들의 포도나무를 잘 자라게 한다.

북쪽 섬은 선선한 해양성 기후이며 비가 많이 오고 습하다. 남쪽 섬은 선선하며 건조한 지역이다. 토양은 지역에 따라서 화산암 위에 점토, 모래, 자갈 등의 다양한 토질이다.

3) 주요 와인 생산지역

현재 뉴질랜드에는 수천 개의 포도밭이 있으며 대표적인 와인 재배지역으로는 우선 소비뇽 불랑으로 유명한 말보로 지역이 있다. 말보로에서는 스파클링 와인도 함께 생산하고 있다. 그 외에 샤르도네로 유명한 기스본(Gisborne)과 프리미엄급 레드 와인이 많이 나는 혹스 베이 (Hawkes Bay) 지역, 피노누아가 가장 적합하게 자란다는 마틴버러(Martin borough), 독일 스타일의 와인을 생산하는 센트랄 오타고(Central Otago)를 비롯한 다양한 지역에 300여개 가 넘는 와인너리들이 있다.

유명한 와인 회사로는 코르반 와인회사, 몬타나 와인 회사, 미션 빈야드, 테 마타 에스테이트, 비달 와인 프로듀서 회사 등이 있다. 그밖에 뉴질랜드에는 작은 부띠끄 스타일의 개성적인 와이너리들이 많이 있다.

4) 대표 와인

뉴질랜드는 소비뇽 블랑(Sauvignon Blanc), 샤르도네(Chardonnay), 피노 누아(Pinor Noir)가 심어져 뉴질랜드를 대표하는 세 가지 와인 품종이 되었다. 그 중 맛이 매우 풍부하고 산도가 강한 편인 뉴질랜드의 소비뇽 블랑은 세계 최고 수준이다.

뉴질랜드의 소비뇽 블랑(Sauvignon Blanc)은 초록빛이 감도는 노란색을 띠며 산뜻한 산도 와 풍부한 향이 담겨 있으며, 열대 과일 향이 가득하고 달콤한 맛과 향기로운 꿀닷이 나는 것으로 유명하다. 독일보다 드라이한 타입의 풍부한 과즙의 우아함과 섬세함이 입안을 가득 채운 리슬링(Riesling), 순수하면서 우아함이 담겨있으며, 미묘한 향신료 향을 느낄 수 있는 피노 그리(Pinot Gris), 목 넘김이 가볍고 당도가 매우 낮으며, 산미가 적당하면서드 알코올 향이 강한 게부르츠트라미너(Gewurztraminer)도 생산되고 있다.

소비뇽 블랑

리슬링

피노 그리

게부르츠트라미너

10. 칠레

1) 특징

    칠레는 포도 재배에 이상적인 자연환경으로 평가받고 있으며, 저렴한 노동력을 바탕으로 프랑스, 스페인, 이탈리아 등의 구세계보다 가격 대비 품질이 우수한 와인이 생산되고 있다는 평가를 받는다. 대한민국의 경우 2004년 FTA협정이 맺어진 후 와인의 수입이 늘고 있다. 지리적 특성 상 바로 옆 아르헨티나와는 서로 경쟁하는 관계이기도 하다.

    칠레는 신세계 와인으로 취급받지만, 포도 재배와 와인 양조의 역사는 460여년 이상으로 거슬러 올라간다. 포도 재배는 16세기경에 시작된 것으로 추정되며, 1520년에 에르난 코르테스가 멕시코로 스페인의 포도나무를 가져온 이래로 페루에 포도밭을 형성하였고, 이 포도나무를 칠레에 심기 시작한 것으로 추정되며 현재까지도 가장 널리 재배되고 있다.

    18세기에는 파이스(Pais)와 무스카텔(Muscatel)로 구성된 스위트 와인의 생산지로 유명했으나, 1980년대 이후에는 프랑스의 와인과 비슷한 스타일의 와인을 많이 생산하고 있다. 칠레는 역사적으로 스페인과 밀접한 관련이 있기는 하지만, 와인 산업만큼은 특히 프랑스의 보르도 와인에 많은 영향을 받았다. 프랑스의 포도나무와 양조 기술을 대거 수입 및 도입해서 고급 와인 양조의 역사가 시작되었다.

2) 자연 환경

지역에 따라 기후가 다르지만 동쪽에는 5,000~6,000m 정도의 안데스산맥이 있고, 서쪽에는 태평양이 있으므로 그 사이에 있는 포도원은 바다와 높은 산들의 영향을 받는다. 칠레의 와인 산지는 대부분 골짜기같은 분지이자 평원에 분포되어 있다.

차가운 해풍이 서쪽 해안가의 산맥에 적당히 차단되면서 골짜기에 불어오며, 동시에 동쪽 내륙에서 해발고도 6,000m의 안데스산맥을 넘어오는 공기도 들어온다. 차가운 공기와 더운 공기가 밤낮을 주기로 적당히 순환되고, 일조량이 많기 때문에 포도 재배에 아주 좋은 것으로 알려져 있다. 즉 낮에는 시원한 바닷바람이 불고 밤에는 높은 산에서 찬 바람이 불어서 숙성기간 중 포도의 당도가 높고 산도도 상당히 높아서 와인 맛이 조화를 잘 이룬다.

칠레의 강수량은 연간 380mm 정도로 적기 때문에 지하수 등 관개시설을 이용한다. 토질은 지역에 따라서 자갈, 모래, 점토, 석회암, 충적토 등으로 다양하다.

3) 주요 와인 생산지역

19세기 중반 프랑스인 양조전문가를 칠레로 불러들이면서 재래 포도종인 파이스(Pais) 대신 유럽에서 가져온 카베르네, 메를로 등의 품종을 마이포 밸리에서 재배하고 포도 재배와 현대식 양조 기술을 도입하면서 근대화를 꾀하기 시작했다. 이후 카르멘(Carmen), 콘차 이 토로(Concha y Toro), 산타리타(Santa Rita)등의 와이너리들이 속속 설립되면서 칠레 와인 사업의 뿌리가 형성되었다.

3) 대표 와인

칠레의 대표적인 레드 와인으로는 칠레의 시그니처 품종인 카르미네르(Carménère) 와인은 산도와 스모키한 아로마, 버섯, 아몬드 등의 다채로운 감각을 선사한다. 그리고 진한 보라색에 향이 풍성한 카베르네 소비뇽(Cabernet Sauvignon), 카베르네 소비뇽보다 가볍고 약간 부드러운 메를로(Merlot), 타닌 맛이 나며 균형되면서 긴 여운이 돋보이는 시라(Syrah), 칠레 최고 와인 메이커들의 합작으로 만든 와인 말벡(Malbec), 과일 향과 타임 등의 풍미가 길게 여운을 남기는 피노누아(Pinot Noir), 부드럽지만 신선하고, 산미가 톡 쏘지만, 균형 잡혀 있는 카베르네 프랑(Cabernet Franc) 등이 있다. 화이트 와인으로는 가볍고 산미가 높고 입안을 온통 행복하게 만들어 주는 소비뇽 블랑(Sauvignon Blanc), 샤르도네(Chardonnay), 리슬링(Riesling), 비오니에(Viognier) 등이 있다.

카르미네르

카베르네 소비뇽

메를로

시라

말벡

피노누아

카베르네 프랑

소비뇽 블랑

11. 아르헨티나

1) 특징

아르헨티나는 국민의 97%가 스페인계 백인일 정도로 스페인의 영향을 크게 받은 국가로 남미에서 중요한 와인 생산국 중 하나다. 아르헨티나는 남아메리카 대륙에서 와인 생산량이 가장 많고, 프랑스, 이탈리아, 스페인, 미국에 이어서 세계 5위를 자랑한다.

아르헨티나 역시 칠레와 마찬가지로 16세기 중반 스페인을 통해 처음 와인이 전래 되었다. 하지만 칠레와 달리 아르헨티나는 거의 스페인인으로만 이루어진 백인 국가였으며 스페인계 귀족들의 이주가 많았기 때문에 처음부터 스페인에서의 와인 수입만으로는 감당할 수 없을 정도로 와인 소비가 많았고, 따라서 처음부터 양보다는 품질에 집중한 스페인풍의 고급 와인이 생산되었다.

아르헨티나는 최근까지 생산된 와인을 수출하지 않고 내수용으로 사용하기 때문에 1인당 와인 소비량도 40~50병(세계 6~7위 수준)으로 와인을 상당히 많이 마시는 나라다. 와인과 쇠고기를 많이 먹는 스페인식 식습관을 크게 가지고 있기 때문에 포도주를 많이 마신다. 인구는 칠레의 2배가 넘는 약 4,000만 명이기 때문에 와인 내수 시장이 굉장히 크다.

2) 자연 환경

아르헨티나는 와인 산지가 바다에서 먼 고산지대에 위치해 세계에서 몇 안 되는 대륙성 기후의 포도 재배지 중 하나다. 아르헨티나의 포도밭은 반대편 태평양에서 불어오는 찬 바람이 안데스산맥을 타고 올라오다 뜨겁고 건조한 바람으로 바뀌기 때문에 300일 이상 지속되는 햇살이 포도나무에 스트레스를 주고 습도가 낮은 탓에 와인을 맛있게 만들어 준다.

일부 대서양 주변과 볼리비아와 접경지역도 생산되고 있다. 포도 재배 지역은 대부분 안데스산맥의 산기슭에 있는 멘도사주를 중심으로 집중되어 있고 대륙성과 반 사막형 기후이며 강수량은 연간 200~250mm 정도로 적은 편이지만 이 강수량의 대부분이 여름철 포도가 성장하는 기간 중에 온다. 안데스의 눈 녹은 물로 도랑을 만들어 물을 공급하고 있다. 숙성기간 중 주간에는 온도가 40℃ 정도로 높고 야간에는 10℃ 정도로 낮다. 토양은 모래, 점토, 충적토 등으로 다양하다.

3) 주요 와인 생산지역

아르헨티나의 와인 주요 생산지역은 멘도사(Mendoza), 산 후엔(San Juan), 라 리오하(La Rioja), 리오 네그로(Rio Negro), 살타(Salta)이다. 이 중 멘도사는 아르헨티나의 90% 이상 포도원을 가지고 있고 생산되는 와인들 중 70% 이상을 차지하며, 900~1,100m의 고지대에서 산악성 기후를 지니며 주로 말백이 재배된다.

산 후엔은 멘도사의 위쪽에 있으며 아페리티프 와인인 버머스, 뮈스카텔을 생산하며 라 리오하는 아르헨티나 중부지역에 있다. 리오 네그로는 가장 남쪽에 위치한 와인 산지로 화이트 와인의 명산지다. 살타는 북부에 위치하였고 가장 오래된 전통있는 와인 산지로 가파야타계곡 일대가 유명하다.

4) 대표 와인

아르헨티나 와이너리들은 샤르도네, 카베르네 소비뇽, 메를로 등과 같은 국제적인 품종의 와인을 생산하고 있다. 이들 각각의 포도는 아르헨티나에서도 수준급 내지 준정상급 와인을 생산할 수 있다. 아르헨티나의 진정한 스타 품종은 말벡으로 만든 보데가 노르통(Bodega Norton), 펠리페 루티니(Felipe Rutini), 타피스(Tapiz), 마야카바 말벡(Mayacaba Malbec) 등으로 원산지인 보르도보다 아르헨티나에서 만들어졌을 때 훨씬 더 맛있다.

보데가 노르통   펠리페 루티니   타피스   마야카바 말벡

12. 남아프리카공화국

1) 특징

남아프리카 공화국의 포도 재배와 와인 양조 역사는 1962년부터 네덜란드 동인도회사의 긴 항해 중 뱃사람들의 중간 기착지 역할을 하게 되었다. 이 지역에서 식량을 조달하고 배를 수리하면서 유럽인들이 정착하기 시작했고 케이프의 초대 총독은 와인이 괴혈병에 좋다면서 1655년 포도밭을 조성하여 와인을 만들었다.

그 후 1688년 프랑스에서 종교박해를 피해 위그노파가 도착하여 포도나무를 심고 와인을 만들면서 산업화의 기틀을 마련하였으며, 이어서 프랑스 사람들이 건너와 기술이건을 하면서 품질이 향상되었다. 18세기에는 유럽의 왕실에 남아프리카공화국의 디저트 와인인 뮈스카드 드 콘스탄티아가 공급되었을 정도로 인정을 받았다. 1795년 영국이 이 지방을 네덜란드로부터 빼앗아 1814년 합병한 후 영국 최대의 와인 공급지로 성장했다.

1918년에는 남아프리카 양조자 협동조합(KW)을 설립하여 와인, 브랜디의 거래에 이곳의 허가가 필요하게 되었다. 약 4,700개의 개인 소유 와인 농장이 있으며 에스테이트 와이너리는 직접 포도를 재배하면서 와인을 만드는 곳으로 자신의 농장 포도로만 와인을 만든다.

1973년부터 원산지 표시(Wine of Origin)를 시행하고, 품종과 수확 연도를 표시하기 시작했다. 현재 80%의 와인이 지정된 지역에서 나온다. 와인 산업의 본격적인 발전은 1994년 스텔렌보쉬(Stellenbosh)지역을 중심으로 급속도로 발전됐다. 어떤 와인들은 전통적인 프랑스 와인 스타일을 내기도 하고, 미국과 칠레 같은 신대륙 스타일 와인도 양조된다.

2) 자연 환경

아프리카는 풍부한 일조량은 갖추었지만, 강수량이 부족해 와인 산지로 위험 요소가 있다. 그런 문제점들을 그나마 극복할 수 있는 지역이 바로 남아프리카공화국 일대이다. 아프리카 대륙의 최남단에 자리 잡아 지중해성 기후에 속하기 때문이다.

전반적으로 지중해성 기후이다. 케이프타운(Cape Town) 부근은 대체로 덥고 건조하고 해안 가까운 쪽은 뱅겔라 해류(Benguela Current)의 영향으로 시원한 바람이 불어서 내륙보다는 선선하고 비가 많이 온다. 연간 강우량은 200~1,000mm로 다양하나 포도 생장 기간 중에 약 30%가 내린다. 포도 수확기에는 비가 거의 오지 않으므로 포도의 질병이 적다.

다양한 기후와 토양으로 남아프리카공화국에서는 거의 모든 포도 품종이 자랄 수 있는 잠재력을 갖고 있다. 따라서, 와인도 매우 다양하다. 남아프리카공화국 와인은 와인 생산자들의 국적도 다양해 와인 스타일도 영향을 많이 받는다.

기후는 남위 35°로 다소 서늘한 편이며, 대서양과 인도양의 합류점에 위치하고, 남극으로부터 신선한 바람도 불어온다. 여름은 뜨겁기보다는 따뜻한 편이며, 겨울 날씨는 선선하다. 산악 지형에 바다가 인접한 곳은 더 다양한 미세 기후를 보인다고 알려져 있다.

3) 주요 와인 생산지역

남아프리카의 포도밭이 많이 있는 사우스 웨스턴 케이프(South Western Cape)는 대서양과 인도양이 만나는 곳이며, 남극권에서 아프리카 서해안을 따라 올라가는 차가운 벵겔라 해류 때문에 온화하다. 그래서 포도밭은 남부와 대서양 연안의 서부에 조성되어 있다. 산악 지형, 바다 그리고 기타 요인에 따라 여러 가지 중간 기후대가 형성된다.

4) 대표 와인

남아프리카의 생산되는 주요 화이트 와인은 상큼하고 신선한 와인인 슈냉 블랑(Chenin Blanc), 1982년 소개된 샤도네이(Chardonnay)도 꾸준히 재배가 증가하고 있으며, 소비뇽 블랑(Sauvignon Blanc)은 18세기에 보급되어 재배 중이다.

레드 와인으로는 가장 오래 재배되어온 카베르네 소비뇽(Cabernet Sauvignon)을 필두로 메를로(Merlot), 시라(Shiraz), 피노 누아(Pinot Noir) 등이 생산된다.

| 슈냉 블랑 | 샤도네이 | 소비뇽 블랑(| 카베르네 소비뇽 |

메를로　　　　시라　　　　피노 누아

제6장

WINE

와인 매너

01. 와인잔

좋은 와인을 훨씬 맛있게 마시기 위해서는 와인을 따라 마시는 와인잔도 와인의 성격에 맞는 것이 좋다. 그래서 와인의 종류만큼이나 다양한 와인잔이 있다.

와인잔의 부분마다 부르는 명칭이 다르다. 와인을 맛있게 마시려면 와인잔의 부분을 부르는 명칭을 알아야 한다.

립(Lip) : 와인을 마실 때 입술이 닿는 부분

보울(Bowl) : 와인잔의 몸통 부분

스템(Stem) : 손으로 잡는 부분

베이스(Base) : 와인잔의 받침 부분

와인잔은 립 부분의 둘레는 보올 부분보다 지름이 작은데, 이는 와인의 향을 와인잔 속에 될 수 있는 대로 오래 보존하기 위해서다.

　　와인은 일반적으로 와인잔의 1/3 정도 만 채우는 것이 좋으며, 보올을 넓게 만든 이유는 와인의 향을 맡으려고 와인잔을 돌릴 때 와인이 흘리지 않도록 한 것이며, 보올의 나머지 공간을 와인의 향으로 가득 채워 와인의 향을 오랫동안 느낄 수 있게 하기 위해서다.

　　스템은 일반적으로 와인을 따르거나 마실 때 손으로 잡는 부분을 말한다.

02. 와인잔의 종류

와인잔은 보르도 레드 와인잔, 부르고뉴/ 버건디 레드 와인잔, 화이트 와인, 스파클링 와인용 와인잔이 따로 있다. 그리고 레드 와인잔도 보르도 와인용, 버건디 와인용으로 나누기도 한다.

1) 보르도 레드 와인잔

보르도 레드 와인은 와인의 향기를 더욱 풍성하게 느낄 수 있도록 립이 좁으며, 보올이 넓은 편으로 전형적인 튤립 모양으로 되어 있다. 와인잔의 용량은 510~600㎖이다.

프랑스 보르도 스타일의 와인처럼 탄닌이 강한 와인을 위해 고안되었는데, 보올이 넓어 탄닌의 텁텁함을 줄일 수 있으며, 립의 직경이 좁아 와인의 향을 모아주는 역할을 하며, 볼의 직경이 넓어 와인의 향을 보존해주는 역할을 한다.

립부터 보올까지 경사가 완만한 이유는 와인이 혀끝부터 안쪽으로 넓게 퍼질 수 있도록 하였으며, 보올이 넓은 것은 와인이 숨 쉴 수 있는 공간을 확보해 줌으로써 다양한 부케와 풍부한 아로마를 느낄 수 있게 해준다.

보르도 레드 와인은 와인 향의 보존을 위해서 와인잔의 30~50% 정도만 와인을 담아 마시는 것이 좋다. 마실 때는 일반적으로 향을 먼저 즐기고, 그다음 입 속 깊숙이 맛을 즐기는 것이 좋다.

2) 부르고뉴/ 버건디 레드 와인잔

부르고뉴와 버건디 레드 와인잔은 보르도 와인잔보다 약간 짧고 보올 부분이 뚱뚱한 것이 특징이다. 특히 보올 부분이 더 볼록하고 잔 입구로 갈수록 점점 좁아짐으로 와인이 공기와 접촉하는 면적이 넓어지므로 와인의 향을 더욱 풍부하게 맡을 수 있다. 부르고뉴 레드 와인은 향이 옆으로 퍼지기 때문이다.

좁은 립의 입구는 높은 함량의 산과 탄닌을 함유하고 있는 와인의 맛과 향이 입안에서 확 퍼지지 않도록 향을 잡아 주는 역할을 한다. 그리고 와인을 마실 때 와인이 혀 앞부분에 가장 먼저 닿게 하여 달콤함과 과일향을 느낄 수 있도록 해준다.

부르고뉴와 버건디 레드 와인잔은 와인 향의 보존을 위해서 와인잔의 30~50% 정도만 와인을 담아 마시는 것이 좋다. 마실 때는 일반적으로 향을 먼저 즐기고, 그다음 입 속 깊숙이 맛을 즐기는 것이 좋다.

보르도 레드 와인잔   부르고뉴/ 버건디   화이트 와인잔   삼페인/스파클링
　　　　　　　　　 레드 와인잔　　　　　　　　　　　　 와인잔

3) 화이트 와인잔

화이트 와인은 기본적으로 타닌 성분이 없기 때문에 보울의 크기가 작아도 된다. 화이트 와인은 차게 마시는 것이 좋기 때문에 와인잔에 미리 따라진 와인의 온도가 올라가지 않도록 레드 와인잔보다 용량을 작게 만든다. 또한 레드 와인잔보다 립 입구가 덜 오목하며, 좁은 것은 화이트 와인의 달콤하면서 상큼한 맛을 더 잘 느낄 수 있도록 와인이 혀 앞부분에 먼저 접촉하도록 하기 위해서다.

화이트 와인은 와인 온도의 보존을 위해서 와인잔의 50% 정도만 와인을 담아 마시는 것이 좋다.

4) 샴페인/스파클링 와인잔

　샴페인 잔은 길쭉한 튤립 모양으로, 와인의 탄산가스가 오래 보존될 수 있고 거품이 올라오는 것을 관찰할 수 있다. 보올이 긴 와인잔일수록 조그만 기포들이 긴 와인잔 속에서 끊임없이 솟아오르는 것을 볼 수 있다.

　고급 샴페인의 경우 끊임없이 발생하는 작은 기포와 병 속메서 일어나는 2차 발효에서 생긴 독특한 향이 특징인데, 이러한 기포와 향을 잘 간직하기 위해 입구는 좁고 잔의 높이가 높은 잔이 기포를 감상하며 즐길 수 있다.

　샴페인은 와인 온도의 보존을 위해서 와인잔의 60% 정도만 와인을 담아 마시는 것이 좋다. 샴페인은 5도 이하의 차가운 온도에서 마셔야 제대로 그 풍미와 기포를 느낄수 있기 때문에 샴페인 잔도 차갑게 해서 마시는 것이 좋다.

03. 와인잔 잡는 방법

와인을 받을 때, 와인을 마실 때 와인잔의 어디를 잡아야 하는지 고민할 때가 많다. 그러나 와인의 메너에는 어디를 잡아야 하는지에 정해진 것은 없다. 자신에게 편하게 잡는 것이 정답이다. 다만 와인잔의 어디를 잡아야 할지 고민한다면 다음과 같이 잡는 것이 좋다.

1) 와인을 받을 때

소주 문화에 익숙한 사람들은 와인잔을 자연스럽게 들고 받는 경우가 있다. 하지만, 서양에서는 와인잔을 드는 것은 잔이 더럽다는 항의의 표시로 오해를 할 수 있다. 그렇기 때문에 들지 않고 바닥에 놓은 상태에서 받는 것이 좋다. 또 받는 사람이 잔을 들면 따르는 사람이 병을 더 올려야 하기 때문에 쏟을 수 있다. 따라주는 사람이 나보다 연장자이거나 직급이 높을 경우에는 잔의 베이스 부분에 살짝 손을 올려 주면 된다.

와인을 잔의 바닥이 보이게 다 마시는 것은 실례이므로 두 모금 정도 남았을 때, 자신이 따르는 것이 아니라 소믈리에나 다른 사람이 따라줘야 한다.

2) 와인을 마실 때

화이트 와인이나 샴페인 같은 경우 차갑게 마셔야 하기 때문에 볼을 잡는 것보다는 스템이 길면 체온이 와인에 영향을 미치지 않으며, 와인의 색을 관찰할 때 손이 방해되지 않는다. 그러나 보통 레드 와인은 잔의 볼을 손으로 잡아도 와인의 온도에 큰 영향을 미치지 않기 때문에 자신의 취향대로 잡아도 되며, 차갑게 마시는 와인의 경우 스템을 잡아야 한다는 의견이 있다.

3) 와인을 따라 줄 때

와인은 남에게 따라 줄 때는 병은 한 손으로 잡고 와인잔은 원래 바닥에 놓은 상태에서 따르는 것이 좋다. 그러나 식탁 위에서 따르지 못할 경우에 스템이 짧을 때 와인의 온도에 영향을 가지 않도록 베이스 부분을 잡고 와인을 따르기도 한다. 병을 와인잔에서 뗄 때는 와인이 잔을 타고 방울방울 떨어지지 않도록 마지막에 병을 살짝 비틀면서 돌려준다.

04. 와인잔 세척 방법

와인잔은 대부분 크리스탈로 되어 있어서 외부의 자극에 대하여 맛을 흡수하고 쉽게 손상된다. 따라서 와인잔을 세척하기 위해서는 남다른 관심을 가져야 한다. 와인잔을 세척하는 방법은 다음과 같다.

- 와인잔은 깨지기 쉽기 때문에 세척시 손을 보올 바닥에 대고, 주의 깊게 잡아야 한다.
- 따뜻한 물을 이용해 와인잔을 헹구고, 세척한다. 뜨거운 물은 와인잔에 금이 갈 수 있기 때문에 피하는 것이 좋다.
- 따듯한 물로 와인잔이 깨끗해하게 세척되는 못한 경우에는 스펀지를 이용해 와인잔을 닦는다. 이때 스폰지가 뻣뻣하고 플라스틱으로 된 털이 있는 것은 와인잔 표면에 흠이 가기 때문에 사용하지 않는 것이 좋다.
- 와인잔 세척시 세제를 사용하지 않는 것이 좋으나, 필요하다면 냄새가 없는 순한 식기 비누가 좋다.
- 와인잔은 따뜻한 물로 안팎으로 잘 헹궈야 한다. 무엇보다 비누 찌꺼기는 반드시 제거해야 한다.
- 크리스틸은 냄새와 맛을 쉽게 흡수하기 때문에, 와인잔을 충분히 헹구지 않으면 다음에 잔에서 약간의 비누 맛이 날지도 모른다.
- 와인잔을 부드러운 수건 위에 거꾸로 올려 와인잔이 마를 수 있도록 한다.

05. 와인 예절

와인을 마실 때는 다음과 같은 예절을 지키는 것이 와인의 주도다.

1) 와인을 받을 때 예절

음료를 따라줄 때 잔을 들거나 기울이지 않고 식탁 위에 잔을 놓아야 한다. 사양하고자 할 때는 따르려는 순간 잔 가장자리에 가볍게 손을 얹어 '그만 되었다'는 표시를 하면 된다. 사양한다는 의미로 처음부터 술잔을 엎어놓는 경우가 있는데 이는 금기시 되고 있다. 건배용 샴페인은 마시지 않더라도 조금만 따라 놓도록 한다.

2) 와인을 마실 때 예절

와인은 식사 중에 마시는 것이므로 기름기 같은 것이 잔에 묻기 쉽다. 따라서 와인을 마시기 전에는 반드시 냅킨으로 가볍게 입 주위를 닦도록 한다. 여성의 경우는 입술의 루즈가 잔에 묻지 않도록 주의한다. 잔에 묻은 경우 엄지손가락으로 즉시 닦도록 한다.

와인을 요리와 함께 마셔 입안에 섞이게 되면 와인 특유의 섬세한 풍미가 없어져 버리므로 입안에 음식물을 넣은 채 마시지 않도록 한다.

3) 시음 예절

호스트가 손님을 초대하고 와인을 시음할 때는 호스트가 한다. 와인에 대한 시음은 시각, 후각, 미각의 세 감각기관을 동원해서 한다. 먼저 눈으로 와인의 색깔을 보는데 촛불이나 밝은 곳에서 약간 기울여 본다. 화이트 와인은 침전물이 없어야 하고 엷은 초롯빛이나 담황색이어야 한다. 레드 와인은 숙성이 짧은 와인일수록 색깔이 선명하고, 오래된 와인일수록 색깔이 진하지만 아주 검붉은 색이거나 침전물이 많아 맑지 못하면 저장이 잘못되어 상태가 좋지 못한 것이다.

다음에는 향기를 맡아본다. 향기는 와인의 질을 나타낸다. 부패된 와인에서는 코르코 마개가 썩은 냄새나 식초냄새가 난다.

끝으로 맛을 본다. 입안에 와인을 조금 넣고 혀끝으로 와인을 굴리듯 하면서 천천히 단맛, 쓴맛, 신맛, 떫은 맛 등을 보는데 이 4가지 맛의 균형과 조화의 정도에 따라 맛이 차별화된다.

와인의 시음은 남성이 한다. 초대한 사람이 여성일 경우는 동석한 남성손님에게 시음을 의뢰한다.

4) 와인 따라주고 받기 예절

와인을 따를 때는 천천히 따다르다. 와인병 안에는 침전물 이 있는 경우가 있다. 빠르게 따르거나 흔들림이 많게 따를 경우에는 이런 침천물이 와인잔에 따라 나오기 때문에 천천히 따라 침전물이 같이 나오지 않게 한다.

와인병 마다 바닥쪽에 오목하게 들어가 있는 이유도 이런 침전물이 바깥쪽을 모여지게 하기 위해서이다. 구입한 와인의 바닥이 깊게 오목히 들어갔다면, 침전물이 있으므로 따르기 전에 주의하며 따르는 것이 좋다.

5) 테이블 에티켓

냅킨은 식사 중에 잠시 자리를 비울 때는 접어서 의자 위에 놓고 가는 게 좋다. 냅킨으로 얼굴을 닦거나 손을 이렇게 닦는 용도로 사용하는 것은 결례가 된다. 그런데 한국 문화에서는 그게 가능하겠지만, 외국 바이어라든지 아니면 비즈니스 상대를 만나서 내킨을 사용하실 때는 식사 중에는 무릎 위에 가지런히 펴서 놓는 것이 좋다. 혹시 전화라든지 아니면 급한 용무 때문에 자리를 잠시 비울 때는 냅킨 위에 접어서 의자 위에 놓으시고 가는 게 맞다.

핑거볼은 생선 요리나 손으로 먹어야 하는 요리에 손을 미리 씻기 위하여 제공되는 컵에 조그맣게 물이 담겨져 나온다. 핑거볼에는 오른손이든 왼손이든 손가락 끝만 살짝 적신다는 기분으로 적시고 난 다 가볍게 적시고 난 다음에 냅킨에 손을 닦고 손을 이용해서 음식을 먹으면 된다. 그리고 핑거볼이 제공되었을 때는 그다음에 나오는 음식은 손으로 먹어도 무방하다는 무언의 표시이기 때문에 핑거볼이 제공되고 난 다음에 나오는 음식은 손으로 먹는 게 좋다.

그리고 스프를 먹는 동안에는 와인을 마시지 않으며, 스프를 먹고 싶지 않을 때는 스프 그릇 안에 스푼을 뒤집어 놓는다. 스프가 가지고 있는 점성이 와인의 맛에 영향을 주므로 와인의 먹기 전에는 스프를 가급적 피하는 것이 좋다.

06. 와인 선물 요령

와인을 선물하기 위해서는 시간과 목적과 상황에 맞도록 해야 한다. 첫 번째 시간은 와인을 선물하는 시기가 명절인지 아니면 기념일 또는 결혼 기념일 생일인지를 결정한다. 두 번 장소는 함께 와인을 마실 수 있는 호스트 집에 내가 초대받아서 호스트와 함께 마시는 용도인지 아니면, 단순히 호스트한테 감사의 표시로 와인을 선물할 것인지 유념해야 한다. 셋째는 상황에 맞게 와인을 선택한다. 명절이나 기념일 때 와인 선물할 때에는 모든 와인 매장에는 소믈리에가 있기 때문에 판매하시는 분한테 여쭤본다든지 아니면 인터넷을 이용해서 검색해서 선물을 받는 분한테 설명을 해주고 선물을 주면 상대방이 감동받을 수 있다.

와인을 선물할 때는 금액보다는 실리를 추구하는 것이 좋다. 와인을 선물할 때는 가급적 상대방이 아무리 와인에 대해서 많이 알고 있다고 하더라도 너무 고가의 와인을 선물하면 오히려 받으시는 분이 부담이 되기 때문에 가장 무난한 가격대는 5만 원에서 8만 원 정도 가격대를 선택을 하는 게 좋다. 그리고 받는 분이 어떤 와인의 성향을 좋아하시는지 미리 체크해서 성향에 맞는 와인을 고르는 것이 좋다. 그리고 와인을 선물할 때는 되도록 포장용 원목 상자에 담아서 선물하시는 것이 보기에도 고급스럽고 품격이 있기 때문에 꼭 원목 상자를 이용하는 것이 좋다.

샴페인이나 스파클링 와인의 경우에는 가급적 선물을 안 하는 게 좋다. 이유는 흔들리면서 배송되기 때문에 상대방이 와인을 받아 개봉했을 때 기포가 넘쳐날 수 있으며, 배송 중에 와인 병이 파손될 우려가 있기 때문에 절대로 샴페인이나 스파클링의 와인에는 선물을 하지 않는 것이 좋다. 만약에 부득이 선물할 경우에는 꼭 배송회사나 아니면 받는 분한테 미리 피드백을 해서 샴페인이라는 걸 꼭 알려주어야 한다.

와인을 선물하실 때는 가급적 최신 빈티지의 와인을 고르시는 게 맞다. 오래된 와인을 선물하지 않는 이유는 와인이 변질되거나 온도가 맞지 않아서 끓어버린 와인이 있을 수도 있기 때문에 가급적 최신 빈티지 와인을 선택해서 선물하는 것이 좋다.

07. 치아 착색을 예방하는 방법

레드 와인을 마셔 본 사람이라면 치아에 와인의 붉은 색이 물들어 있어 난처했던 경험이 있었을 것이다. 치아 착색이 심한 경우에는 사람을 대면하거나 사회생활을 하는 데 있어 좋지 않은 이미지를 주기도 하며 치아 변색 때문에 스스로 위축되거나 소극적인 성격으로 변할 수 도 있다.

치아는 법랑질과 상아질이라고 하는 두 개의 층으로 구성되어 있는데 치아의 바깥 부분은 하얗고 투명하며 안쪽은 연노랑 빛을 띤다. 선천적으로 치아의 색은 하얀색인 법랑질이 두꺼울 때 하얗게 보이지만, 법랑질이 얇을수록 노란색을 띤다. 그러나 후천적으로 노화나 와인을 마시면 치아 착색이 일어난다.

와인을 마시면 치아가 착색하는 이유는 와인에 들어 있는 타닌 성분과 안토시아닌 같은 강력한 색소 물질이 치아 표면을 침식해 변색을 유발하며, 입술까지 물들어 버리게 한다. 경우도 있어 주의해야 한다. 그리고 항산화 및 항노화 효과가 있다고 하는 와인의 폴리페놀 물질도 치아를 감싸고 있는 에나멜을 손상시켜 치아 상아질에 바로 색소를 침투하게 하므로 치아의 착색을 유발한다.

치아의 착색은 레드 와인만 일으키는 것으로 잘못 알고 있는데, 화이트 와인은 색소를 함유한 포도 껍질을 벗겨 만들기에 와인이 유발하는 직접적인 치아 착색의 영향이 덜 하긴 하지만 화이트 와인이 지닌 강산 산성(酸性)은 치아를 착색하게 하는 원인이 된다. 화이트 와인의 강한 산성은 치아의 에나멜층을 부식시켜 틈새를 만들면서 와인을 마실 때 함께 먹는 음식물이나 음료의 색소 물질이 치아 속으로 쉽게 침투하게 하여 치아에 착색을 일으킨다.

와인을 마시고 치아의 착색을 예방하는 방법으로 가장 좋은 것은 와인을 마신 후 양치질하는 것이 가장 좋다. 그러나 와인을 마신 후 바로 양치질을 하면 치아에 부담을 줄 수 있기 때문에 타액이 와인의 산도를 충분히 중화할 수 있는 40분에서 1시간 정도 지난 후 양치하는 게 좋다. 그리고 화이트 와인을 마실 때는 식후에 마시는 홍차나 커피 등은 치아에 착색을 일으키기 때문에 가급적 피하는 것이 좋다. 또한 와인을 마실 때 치즈와 같은 유제품은 와인의 산도를 중화할 수 있으므로 치아의 착색을 예방하는 데 도움이 된다.

1970 ΛΘΟ

제7장

WINE

와인을 맛있게 하는 도구

01. 코르크 마개

와인 병의 마개로 사용하는 코르크는 코르크나무의 껍질로 만든다. 코르크(영어: Cork)는 나무 겉껍질과 속껍질 사이의 두꺼운 껍질층을 일컫는다. 어느 나무나 코르크층이 있는데, 일반적으로는 주로 코르크나무(Quercus suber)의 코르크를 대표적으로 말한다. 코르크는 불침투성이며, 물에 뜨는 재질로, 식물의 줄기나 뿌리 주변부에서 만들어지는 보호조직이다.

17세기 중반까지만 해도, 프랑스의 양조자들은 코르크 마개를 사용하지 않았으며, 대신 나무 조각을 끼운 후 기름에 적신 천을 병 목 부분에 끼워 넣어 보관했다. 코르크를 와인 병의 마개로 사용하게 된 것은 17세기에 장림 즉 수도사인데 눈이 먼 수도사였던 돈 페리뇽이라고 하는 수도사가 코르크나무에서 마개를 만들어 와인의 병을 막았더니 탁월한 밀폐 효과를 보고 본격적으로 와인 병의 마개로 코르크를 사용하게 되었다. 그리고 코르크 마개가 발명됨으로써 또 하나의 발명품이 탄생한 게 바로 스파클링 즉 샴페인이다.

코르크는 빨판 모양의 작은 세포들을 가져 병의 입구에 밀착하는 독특한 물리적 성질을 갖고 있으며, 오랫동안 유리병의 뚜껑으로 이상적이라 여겨 지금까지 사용되고 있다. 코르크 마개는 와인과의 접촉 그리고 습도에 의한 코르크의 변질은 매우 천천히 진행되어 25~30년에

한 번 코르크를 교환해주면 된다.

　전세계적으로 약 2,200,000헥타르의 코르크나무 숲이 조성되어 있는데, 그중에서 34%가 포르투갈에 그리고 27%가 스페인에 있다. 생산된 코르크의 60%는 포도주 마개로 제작된다. 전체 포도주의 약 80%는 천연 코르크 마개로 봉해져 있으며, 이 양은 연간 약 200억 병에 달했다. 하지만 최근에는 합성 물질로 생산된 마개의 사용량이 늘어나면서, 코르크 마개 사용 비율은 약 60% 수준으로 하락했다.

　포도주를 보관할 때는 코르크가 건조해지지 않게 눕혀두는 것이 좋다. 코르크 마개는 건조해지면 고유의 팽창력이 떨어져서 병목과의 간극이 발생할 수 있다. 마개와 간극이 발생하면 이 틈으로 공기 중의 산소가 병 속으로 침입할 경우 포도주가 산화될 수 있다. 따라서 와인을 보관할 때 눕혀서 보관하게 되면 와인이 코르크 마개에 수분을 공급하여 팽창하게 하여, 병과 마개의 간극을 없애 와인의 변질을 줄일 수 있다.

02. 와인 오프너

코르크 마개를 빼내기 위해서는 반드시 와인 오프너가 있어야 한다. 한국에서는 와인오프너와 코르크스크루를 혼용해서 사용하는 경우가 많으나, 엄밀히 따지면 와인오프너는 와인에서 코르크를 제거하는 도구이고 코르크스크루는 나선형의 스크루를 가지고 있는 도구로 와인오프너가 조금 더 넓은 범주이다.

와인 오프너는 T자 스크루(Basic corkscrew), 윙 스크루(Wing corkscrew), 소믈리에 나이프(Sommelier knife), 래빗 스크루(Lever corkscrew), 아소 오프너(Ah-so, Twin-prong cork puller) 등이 있다.

1) T자 스크루(Basic corkscrew)

와인 오프너 중에서 T자 스크루는 가장 고전적인 디자인의 와인오프너로 17세기부터 20세기 초반까지 주로 사용되었다. 가장 기본형이고 단순한 모양이지만 다른 방식에 비해서 힘을 많이 써야 한다. 와인 마개는 단단하게 밀봉되어 있기 때문에 마개를 뽑는다고 힘쓰다가 와인이 튀거나 병이 깨지기도 하기 때문에 주의해야 한다.

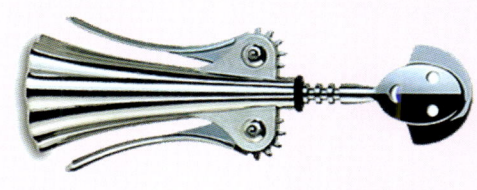

2) 윙 스크루(Wing corkscrew)

날개형 코르크스크루(wing corkscrew)라고도 부르며, T스크루의 외형을 변형하여 가장 대중적으로 사용하는 와인 오프너다. T스크루보다 적은 힘으로 코르크를 제거할 수는 있지만, 잘 맞물리지 않는 불량품도 많아 어려움을 겪을 수도 있다. 양손을 이용해야 하는데, 다른 방식에 비하여 한 손으로 병을 고정할 수 없어서 불안정한 점 등이 단점이다.

3) 소믈리에 나이프(Sommelier knife)

소믈리에 나이프는 주로 바나 레스토랑에서 사용하는 오프너다. 여러 가지의 병마개를 딸 수 있으며, 접이식이라 휴대가 간편하며 큰 힘을 들이지 않고 코르크를 오픈할 수 있다.

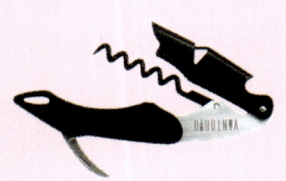 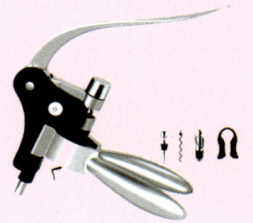

4) 래빗 스크루(Lever corkscrew)

래빗 스크루는 상단에 레버를 이용하는 오프너로 큰힘을 들이지 않고 오픈할 수 있지만, 미세한 힘 조절이 불가능하고 접이식이 아니라 소자가 불편하다는 단점이 있다.

5) 아소 오프너(Ah-so Twin-prong cork puller)

아소 오프너는 코르크에 손상을 주지 않고 오픈할 수 있는 오프너다. 양쪽의 앞은 날을 병과 코르크 사이에 집어 넣은 뒤 들리듯 빼내면 마개가 빠진다. 아소 오프너는 코르크를 손상 없이 뺄 수 있어 코르크 마개를 수집하거나, 코르크 마개가 오래되어 부서질 위험이 있는 코르크 마개를 빼내는 데 쓰인다.

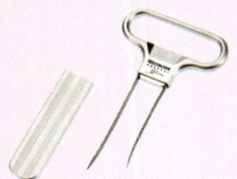 

6) 전동 오프너

전동 오프너는 코르크에 손상을 주지 않고 아주 빠르게 와인을 오픈 할 수 있는 오프너다. 사용 방법은 전동 오프너의 전원을 켜고 와인병 위에 수직으로 올려서 살짝 눌러주면 자동으로 코르크 마개를 뽑아준다. 전동 오프너를 사용하면 코르크 마개가 전혀 손상되지 않고 제거할 수 있기 때문에 코르크 가루가 와인에 섞일 염려가 없으며, 손을 다칠 염려가 없어서 좋다.

03. 와인 오프너 없이 마개를 따는 방법

와인을 마시려고 하는데 와인 오프너가 없거나 와인 오프너를 어디에 두었는지 몰라서 낭패를 본 경험이 있을 것이다. 와인 오프너 없이 코르크 마개를 따는 방법은 두가지가 있다.

1) 병 안으로 코르크 마개를 밀어 넣는 방법

- 먼저 한 쪽 면이 뭉툭한 도구를 찾는다. 이때 도구는 코르크보다 가늘어야 하며, 코르크와 병을 깨지거나 부서지게 하지 않는 물체여야 한다.
- 마커(형광펜), 긴 막대기, 젓가락 등을 바르게 세운 와인 병의 마개 위에 수직으로 세운다.
- 한 손으로 병의 목 부분을 잡고, 다른 손으로 코르크를 밀어주기 위해 사용하는 도구를 잡는다.
- 코르크가 병 안으로 빠질 때까지 단단히 밀어준다.

간편하게 마개를 밀어 넣을 수 있으나, 코르크가 병 안으로 들어가면서 와인이 살짝 튈 수 있으며, 와인에 작은 코르크 조각이 묻어 나올 가능성이 높다는 것이 단점이다.

2) 칼 사용해서 마개를 제거하는 방법

- 칼날이 병 목 부분으로 들어갈 수 있는 과도를 준비한다.
- 칼날을 코르크 마개와 병의 간극에 꼽아 준다.
- 조심스럽게 칼을 앞뒤로 흔들어가며 코르크와 병 사이에 넣어준다.
- 살짝 아래 방향으로 눌러서 칼이 완전히 코르크를 통과하도록 한다.
- 완전히 박혀 있는 칼을 앞뒤로 움직이며 병을 지렛대 삼아서 천천히 코르크 마개를 병에서 빼낸다.
- 이때 코르크 조각이 와인으로 떨어지지 않도록 주의한다.

단점으로는 칼을 사용하기 때문에 손을 벨 위험이 있으므로 베이지 않도록 조심해서 사용해야 한다.

04. 푸어러

푸어러는 와인 병에 꽂아서 용량대로 정확히 따를 있도록 도와주는 도구를 말한다. 와인을 따르다 보면 종종 와인이 병 가장자리를 타고 흘러내리는 일이 생긴다. 보통 고급스러운 분위기를 연출하고 싶을 때 와인을 마시게 되는데 이렇게 흘러내리면 상당히 곤혹스럽다. 호텔에서는 작은 수건 등으로 입구 주변을 닦아내기도 하지만 집에서 직접 하려면 격식 있게 하기도 힘들고 제법 귀찮은 일이다.

푸어러는 와인의 양을 정확히 따를 수 있게 해주고, 특히 다 따르고 나서 병에 흘리지 않고 깔끔하게 붓고 끝낼 수 있다. 보통 재질은 따르는 관 부분이 스테인리스에 고무로 병마개 역할을 하는 부분이 나뉘어 있다. 물론 플라스틱이나 고무로만 만들어지기도 한다.

관을 덮는 캡 부분이 딸려 있는 푸어러도 흔히 있어서 미사용시 입구를 막아 증발을 막아주기도 한다. 비싼 제품 중에는 일정량이 나오면 구멍이 자동으로 막히는 것도 있다. 또한 평소에는 막혀있다가 버튼을 눌러야만 흘러나오는 종류도 있다. 또한 튀어나온 관 부분에 브랜드나 라벨이 붙어 있어 약간의 홍보 효과를 하기도 한다.

05. 진공 와인 스토퍼

　진공 와인 스토퍼는 남아있는 와인 병을 진공상태로 만들어 주어 외부 공기와의 접촉을 최소화 시켜주기 때문에 남아있는 와인의 산화를 방지하여 오랫동안 보관해준다.

　마시고 남은 와인을 다시 코르크 마개로 입구를 막아놓으면, 다음에 마실 때 열기도 힘들고, 또 구멍 사이로 공기가 드나들기 때문에 기울였을 때 조금씩 새어 나온다거나 내용물이 상하고 변질되기도 한다. 진공 와인 스토퍼를 병 입구에 꼽고, 펌프 질을 하면 병안에 남아 있던 공기가 빠지면서 진공 상태가 되어 남아 있는 와인을 오랫동안 보관해도 맛이나 향을 손실되지 않는다. 진공 와인 스토퍼는 와인뿐만 아니라 소주나 양주 등 다양한 음료에 사용 가능하다.

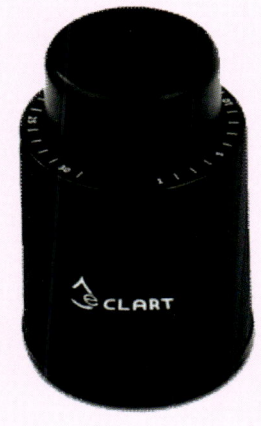

06. 와인 마커

    와인 마커는 여러 사람들이 와인을 마실 때 어떤 것이 누구 잔인지 헷갈리는 것을 방지하기 위해서 와인잔에 걸어 둘 수 있는 작은 표식을 말한다. 와인 마커는 베이스(잔의 받침)나 스템(손으로 잡는 부분)에 거는 모양이 많고, 립(입술이 닿는 부분)에 끼워두는 실리콘, 잔에 글씨를 쓸 수 있는 펜까지 있다.

립형   보울형   스템형

필기형   잔 받침형

07. 와인 디캔터

와인 디캔터는 와인을 옮겨 담는 병을 말한다. 원래 디캔터는 식탁에서 매일 조금씩 즐길 술을 따로 담아놓는 예쁜 술병을 말하는데, 우리나라의 음주문화는 따로 디캔터를 쓸 이유가 없었다. 그러나 와인이 유행하면서 와인 디캔터로 굳어지게 되었다.

와인 디켄터는 단순히 와인을 옮겨 담는 것 이외에도 와인의 좀 더 넓은 면적에 산소를 접촉시켜 그 맛과 향을 증폭시키기도 하고, 와인의 침전물을 미리 거를 수 있도록 도와준다.

투명하고 반짝이는 디캔터에 진한 레드 와인을 미리 담아내어 준비한다면 향이 넘쳐흐르는 홈파티가 될 수 있다.

08. 스마트 와인 에어레이터

  디캔팅은 와인 맛을 좋게 한다. 하지만 적잖은 시간이 필요하며 와인마다 특성이 달라 최적의 서브 타이밍을 잡기가 까다롭다. 이를 해결하기 위해서 사용하는 도구가 와인 에어레이터다. 와인 에어레이터를 사용하면 와인과 공기를 반응시켜 와인 속의 좀 신맛과 쓴맛을 제거하여 가장 맛있는 시간에 와인을 따르도록 정확히 알려주어 매우 편리하다. 따라서 와인 에어레이터에 대한 소믈리에들이나 와인 마니아들의 반응이 뜨겁다. 특히 와인 에어레이터는 거친 맛을 빠르게 안정시키고 올드 빈티지 와인에 사용하기에도 좋다.

  스마트 와인 에어레이터는 와인을 오픈 후 병 입구에 꽂고 시간을 설정한 다음에 일정한 시간이 지난 후에 따르면 된다. 그중에서 스마트 와인 에어레이터 아벤은 몸체의 OLED 터치 스크린을 이용해서 에어레이션 시간 설정이 가능하며, 아플리케이션을 활용해서 스마트폰과 연동하여 취향에 맞게 에어레이션 시간 설정이 가능하다.

09. 가보고 싶은 핫플 와인바

서울	경기도	대전	부산
# 로프트	# 옥희와인	# 마마코차	# 오퍼스
# 소규모와인	# 와이노	# 세그먼트 바	# 바302호
# 별채	# 테소로	# 토스트	# 클램
# 을지루이스	# LP뮤직	# 비스트로이응	# 럼블 브런치 & 바
# 희스토리 다락방	# 소소한와인바	# 콤마	# 달펍앤바
# 와인바 노이	# 우인	# 살롱드느티	# 카우인비프
# 100코달리	# 나인와인	# 피그로	# 유어니이키드치즈
# 육식공룡	# 와인테라스	# 378pitt	# 바딜란
# 물레방아	# PIMLICO	# 오늘와인한잔	# 표류
# 몰리노	# 와인파인	# 옐로우택시	# 토끼굴
# 59계단	# 버닝하우스	# 세그먼트 바	# 바더닐펍 뮤즈온
# 헤븐	# 기릭 KEEE REEK	# 와담	# 클랙 해운대
# 와인바 블랑루즈	# 카페포토	# 아도니스	# 부송
# 와인바	# 더티래빗	# wcw선	# 소이만
# 햄릿	# Sov	# 다이브	# 늬노

대구	광주	울산	세종
# UNDER GRIFFIN	# 알베르	# 브라운시티	# 파스타이오
# 와글라스	# 오늘와인한잔	# 아이반	# 티피컬
# 포앤투웬티	# 와인에빠지다	# 김소월 박목월	# 1987루프탑라운지
# 도파민	# 에니그마	# 가라지	# 리벨릿
# 나빌레라	# 원글라스	# 콤마	# 마가젱 뽀프
# 장효	# 비워두기	# 뱅뱅	# 바틀샵
# 회색도시	# 나인와인	# 소담바	# 취향상점
# 돌피노	# 와인상회까바	# camino	# 바 갤러리
# 힙타운	# 젭스	# 링커 울산	# 피엠
# 베티	# 일루이배달	# Min Bar	# 오늘와인한잔
충남	충북	전남	전북
# TAKE THE LIFT	# 가뉴	# 토니의카페	# 드바인
# 루프탑라운지109	# 글래드	# 드숑마숑	# 와인바 뱅뱅
# 칠드	# 밀실	# 비스트로긴	# 블랙라운지
# grove	# 55와인포차	# 드 마르셀	# 객리단길 오후
# YG라운지	# 부에노부스	# 소우주	# 페어링
# 바틀샵	# 파이아브	# 슬록	# 뮤즈
# 쉐이크잇이지	# 와인, 유어 와인	# 오늘와인한잔	# 오스쿠로
# 치즐리셔스	# 와인상회까바	# 펜스터	# 올드벗뉴
# 리쿼앤웨이브	# 담잔	# 배길섭	# 삼사라
# 크레센도	# 제이 와이너리	# 디들리밥	# 르빠스

경남	경북	강원	제주
# 몬아미	# 샤인	# 73-5와인	# 와인솔트
# 동경호텔	# 오스테리아피아띠	# 보틀드	# 슬기로운 와인생활
# 블랑코	# 오아시스	# 공존	# 스탁
# 성업	# 포도	# 순풍포장마차	# 넥스트도어
# iminimin	# 훅	# 프렙	# 화덕엔 그릴
# 사운드가든	# 인더그루브	# 엘라앤루이	# 성산 연화
# 에소도	# 루나피에나	# 미자빠	# 내도음악상가
# 밀실	# 효자동블루스	# 코다	# 마토네
# 어쎔비	# 바달밤고양이식당	# 시리우스	# 20세기 소년
# 클래시라운지	# 마켓15도	# 모하	# 스쿠르지펍

10. 특별한 제주 와인샵

특별한 와인을 착한 가격으로 만날 수 있는 제주 와인샵

# 슬기로운 와인생활	# 디오니스토아	# 낭만 와인샵
# 뱅뱅와인마켓	# 슈퍼보틀	# 와인창고
# 와인점방	# 삐꼴라상점	# 와인창고
# 뱅 오흐디네흐	# 아임와인	# 와인씨
# 오프너마켓	# 함덕와인가게	# 와인샵
# FLOWS WINE	# 럭키유	# 제주와인아울렛
# 그로라운지	# 제주의 와인	# 나탈리와인하우스
# 종달블랑	# 와인하우스	# 그리니에
# 제주와인샵 동네	# 와인팬트리135	# 데일리와인
# BKS와인샵	# 와인여행	# 제주멜즈
# 보름마켓오름 피크닉	# 용기	# 울랄라
# 바다닮은와인 바당와	# 소이슬라	# 뱅뱅뱅베르린

11. 와인 수입 업체

신동와인 http://www.shindongwine.com/
까브드뱅 http://www.cavedevin.co.kr/
나라식품 http://narafood.com/
금양 http://www.keumyang.com/
두산와인 http://www.wine.co.kr/
동원와인플러스 http://www.dongwonwine.com/
수석와인 http://www.winenjoy.co.kr/
레베 매일 http://www.lesvinsdemaeil.com/
아간코리아 http://www.aganekorea.co.kr/
비노비노 http://www.vinovino.co.kr/
루뱅코리아 http://www.luvin.co.kr/
비노코리아 http://www.caveavin.co.kr/
길진인터네셔널 http://kiljin.co.kr/www/
에프엘코리아 http://www.flkorea.co.kr/
롯데아사히 http://www.lotteasahi.co.kr/
아영FBC http://www.winenara.com/
대유와인 http://www.daeyoowine.com/

참고 문헌

고재윤(2010). 와인 커뮤니케이션. 세경.

그렌트 레이놀즈·크리스 스탱 저, 차승은 역(2021). 와인에 빠지는 방법(쉽고 재미있는 와인
     가이드). 제우미디어.

김의겸·최민우·정연국(2010). 와인소믈리에 실무. 백산출판사.

김준철(2005). 와인. 백산출판사.

김준철(2007). 와인 인사이클로피디아. 세종서적.

마리사 A. 로스(2022), 와인 올 더 타임. 티나.

마이클 슈스터(2010). 와인 테이스팅의 이해(개정판). 바롬웍스.

박한표(2012). 와인, 아는 만큼 즐겁다. 대왕사.

뱅상 가스니에(2010). 와인 테이스팅 노트 따라하기. 바롬웍스.

스기야마 아스카(2021). 프랑스 와인 수업. 한스미디어.

양갱((2022), 세상에 맛있는 와인이 너무 많아서(언제 마실까? 초보자를 위한 와인 추천 43).
     21세기북스.

와인리뷰 편집부(2022). 와인리뷰 Wine Review. 자원평가연구원.

엄정선·배두환(2021). 와인이 있는 100가지 장면(영화 속 와인 안내서). 보틀프레스.

엄정선·배두환(2021). 프랑스 와인 여행('신의 물방울' 찾아 프랑스로 떠나는 와인 여행, 꿈의
     지도.

오펠리 네(만2019). 와인은 어렵지 않아(그림과 함께 배우는 와인 입문서). 그린쿡.

이석현·김용식·김종규·김학재·김선일(2011). 조주학개론. 백산출판사.

이원복(2009). 와인의 세계, 세계의 와인. 김영사.

이재술(2009). 소믈리에도 몰래보는 와인상식사전. 미르북스.

이정윤(2011). 구르메 수첩-와인수첩. 우듬지.

이지선(2021). 한국인을 위한 슬기로운 와인생활(외국 술이지만 우리 술처럼 편안하게). 브
     레인스토어

임승수((2021). 와인에 몹시 진심입니다만,(슬기로운 방구석 와인 생활). 수오서재.

전상헌(2010). 한 권으로 끝내는 와인특강. 예문.

전재구(2014). 조주기능사 필기 완전정복. 구민사.

저자 소개

저자 : 신희영

　저자는 동화구연가로서 방송에서 성우활동을 하였으며 레고교육센터, 브레인영재교육원, 하바놀이학교, 원더랜드어학원, 하자아카데미 학습코칭센터 등의 원장으로 운영하였고, ㈜ 한국방송출판 기획이사로 활동하였다. 또한 대한민국 신지식인 교육 분야에 선정되었으며 다양한 교육 프로그램을 개발하고 있으며, 다수의 특허와 여성 발명대회에서 을 수상하였으며, 교육 분야 창업 컨설턴트로 활동 중이다. 그리고 현재 ㈜ 아이월드 자기계발연구센터 원장으로서 영유아 교육은 물론 아동교육 프로그램을 개발하였으며, ㈜ 아이월드 대표로서 문화예술 분야와 3D 프린트를 활용한 피규어사업에 접목시키고, 체계화된 유튜브교육에 앞장서고 있다. 현재 한국치매관리협회와 한국유튜브교육협회 회장으로서 노인 관련 인지놀이 및 다양한 인지 검사지를 만들어 보급하고 있으며, 노인들을 위한 전통체육프로그램을 만들어 전국에 보급하고 있다. 그리고 와인에 심취하여 와인소믈리에 자격증을 취득하였으며, 청귤 갤러리를 운영 중에 있으며, 와인 문화생활을 전파하고 있다. 저서로는 '블럭으로 부르는 노래', '치매관리와 예방', '치매관리와 예방을 위한 전통놀이', '뇌건강 인지프로그램', '인지심리 검사지', '유투브로 부자되는 초보자의 밥벌이', '와린이를 위한 입문서 문득 와인이 그리울 때' 등이 있다.

와린이를 위한 와인 입문서

문득 와인이 그리울 때

초판1쇄 인쇄 - 2022년 5월 31일

초판1쇄 발행 - 2022년 5월 31일

지은이 - 신희영

펴낸이 - 이영섭

펴낸곳 - 인피니티컨설팅

서울 용산구 한강로2가 용성비즈텔. 1702호

전화 070-5168-2024 / 팩스 050-7534-5220

e-mail - bangkok3@naver.com

등록번호 - 제 2020-000047호

9791192362205

ISBN 979-11-92362-20-5[13590]

값 20,000